Cascas

Georges Didi-Huberman

Cascas

Tradução de André Telles
Inclui entrevista do autor a Ilana Feldman

editora■34

EDITORA 34

Editora 34 Ltda.
Rua Hungria, 592 Jardim Europa CEP 01455-000
São Paulo - SP Brasil Tel/Fax (11) 3811-6777 www.editora34.com.br

Copyright © Editora 34 Ltda. (edição brasileira), 2017
Écorces © 2011 by Les Éditions de Minuit

A FOTOCÓPIA DE QUALQUER FOLHA DESTE LIVRO É ILEGAL E CONFIGURA UMA
APROPRIAÇÃO INDEVIDA DOS DIREITOS INTELECTUAIS E PATRIMONIAIS DO AUTOR.

A tradução de André Telles foi publicada originalmente na revista *Serrote*, nº 13,
do Instituto Moreira Salles, a cujos editores a Editora 34 agradece.

Capa, projeto gráfico e editoração eletrônica:
Bracher & Malta Produção Gráfica

Revisão:
Alberto Martins

1ª Edição - 2017 (1ª Reimpressão - 2019)

CIP - Brasil. Catalogação-na-Fonte
(Sindicato Nacional dos Editores de Livros, RJ, Brasil)

Didi-Huberman, Georges, 1953
D556c   Cascas / Georges Didi-Huberman;
tradução de André Telles; inclui entrevista
do autor a Ilana Feldman — São Paulo:
Editora 34, 2017 (1ª Edição).
112 p.

ISBN 978-85-7326-678-8

Tradução de: Écorces

1. Ensaio francês. 2. Filosofia.
3. Holocausto judeu - Auschwitz-Birkenau.
4. Estética e política. I. Telles, André.
II. Feldman, Ilana. III. Título.

CDD - 844

Cascas

Cascas	9
Bétulas	11
Tabuleta	15
Loja	19
Arame farpado	21
Muros	23
Chão	27
Guarita	29
Horizonte	33
Porta	37
Caminho	39
Floresta	43
Lápides	45
Frondes	51
Limiar	53
Flores	57
Lago	61
Câmara	65

Cascas 69

Notas da edição brasileira.. 75

Alguns pedaços de película,
alguns gestos políticos
*(entrevista de Georges Didi-Huberman
a Ilana Feldman)*.. 87

Sobre o autor.. 110

"Viagem em que todos os corpos procuram se despovoar. Suficientemente vasta para permitir procurar em vão. Suficientemente exígua para que toda fuga seja vã. [...] Todos então se imobilizam. A viagem talvez termine. Ao fim de alguns segundos, tudo recomeça. Consequência dessa luz para o olho que procura. Consequência para o olho que, deixando de procurar, fita o solo ou se ergue para o longínquo teto onde não pode haver ninguém."

Samuel Beckett, *O despovoador*

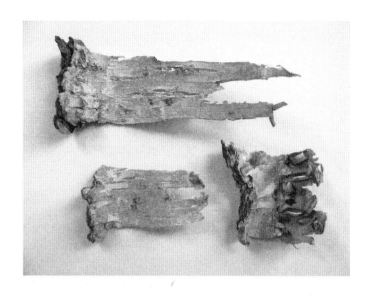

Coloquei três pedacinhos de casca de árvore sobre uma folha de papel. Olhei. Olhei, julgando que olhar talvez me ajudasse a ler algo jamais escrito. Olhei as três lascas como as três letras de uma escrita prévia a qualquer alfabeto. Ou, talvez, como o início de uma carta a ser escrita, mas para quem? Percebo que as dispus sobre o papel branco involuntariamente na mesma direção que segue minha língua escrita: toda "carta" começa à esquerda, ali onde enfiei minhas unhas no tronco da árvore para arrancar a casca. Em seguida, desdobra-se para a direita, como uma corrente funesta, um caminho acidentado: desdobramento estriado, tecido da casca precocemente rasgado.

Vemos aqui três lascas arrancadas de uma árvore, há algumas semanas, na Polônia. Três lascas de tempo. Meu próprio tempo em lascas: um pedaço de memória, essa coisa não escrita que tento ler; um pedaço de presente, aqui, sob meus olhos, sobre a branca página; um pedaço de desejo, a carta a ser escrita, mas para quem?

Três lascas cuja superfície é cinza, quase branca. Já idosa. Característica da bétula. Esfiapa-se em volutas, como os restos de um livro queimado. Na outra face, continua — no momento em que escrevo — cor-de-rosa feito carne. Aderia perfeitamente ao tronco. Resistiu à agressão de minhas unhas. As árvores também prezam a própria pele. Imagino que, com o passar do tempo, as três lascas ficarão cinzentas, quase brancas, de ambos os lados. Conservarei, guardarei, esquecerei? E, em caso afirmativo, em que envelope de minha correspondência? Em que prateleira de minha estante? Eu morto, o que pensará meu filho quando topar com esses resíduos?

Bétulas de Birkenau: foram as próprias árvores — "bétulas" é *Birken*; "bosque de bétulas", *Birkenwald* — que deram nome ao lugar que os dirigentes do campo de Auschwitz julgaram por bem, como é sabido, dedicar especificamente ao extermínio das populações judaicas da Europa. Na palavra *Birkenau*, a terminação *au* designa literalmente a pradaria onde crescem as bétulas, sendo portanto uma palavra para o *lugar* como tal. Mas seria também — já — uma palavra para a própria *dor*, como observou um amigo com quem eu trocava ideias a respeito: a exclamação *au!*, em alemão, corresponde à interjeição mais espontânea do sofrimento, como *aïe!* em francês ou *ai!* em português. Música profunda e não raro terrível das palavras pesadamente investidas de nossas assombrações. Em polonês, diz-se *Brzezinka*.

Bétulas são árvores típicas de terras pobres, estéreis ou siliciosas. Por constituírem geralmente a primeira formação arbórea mediante a qual uma floresta começa a vencer a lande selvagem, são chamadas "plantas pioneiras". São árvores muito românticas, sob cuja sombra se desenrolam, na literatura russa, por exemplo, incontáveis histórias de amor, incontáveis elegias poéticas. À sombra das bétulas de Birkenau — exatamente as que fotografei, uma vez que aqui, na terra polonesa, a bétula, que não vive mais de trinta anos nos países temperados, resiste até cem anos ou mais —, ecoou o uivo de milhares de dramas atestados apenas por alguns manuscritos semiapagados,[1] sepultados nas cinzas pelos membros do *Sonderkommando*, prisioneiros judeus encarregados do trâmite dos cadáveres e eles próprios destinados à morte.

Caminhei por entre as bétulas de Birkenau durante um belo dia de junho. O céu opressivo. Fazia calor, toda a natureza em flor: inocente, prolífica, obstinada em seu trabalho de vida. Enxames de abelhas voejavam em meio às árvores. Em mais de uma língua eslava o substantivo "bétula" está associado à renovação primaveril, evocando a seiva que volta a circular nas árvores. Na Rússia, no início do mês de junho, comemora-se a "semana verde", celebrando a fecundidade da bétula, a árvore nacional. A bétula é também a primeira árvore do calendário celta: simboliza, dizem, a sabedoria.

Qual a consequência dessa luz para o meu olho que procurava? Qual a consequência para o meu olho que, deixando de procurar, fitou o solo ou se voltou para o remoto cimo das árvores?

Na Antiguidade e, depois, na Idade Média, a casca das bétulas foi utilizada como suporte de textos e desenhos. Uma tábua pintada de branco com uma caveira estampada recebe o visitante desse lugar, onde predominam a madeira, o tijolo, o cimento e o arame farpado. A partir de 1945 — desde que tal advertência deixou de significar qualquer coisa de imediato —, a pintura branca e preta descascou, como a casca de uma bétula. Mas continua bem legível, assim como é legível, junto com ela, o tempo que a desgastou. Alguns pregos originais desapareceram, foi preciso recentemente prender a tabuleta com um moderno parafuso cruciforme.

Cheguei ao complexo de Auschwitz-Birkenau num domingo de manhã, bem cedo, num horário em que a entrada ainda é livre — adjetivo estranho, pensando bem, mas que dá sentido à nossa vida de cada instante, adjetivo do qual deveríamos saber desconfiar quando o lemos em letras explícitas demais, por exemplo no ferro batido do famoso pórtico *Arbeit macht frei* —,[2] mais precisamente, num horário em que ainda não é obrigatório fazer a visita sob a batuta de um guia. As catracas metálicas, idênticas às do metrô, ainda estavam abertas. As centenas de fones de ouvido, ainda conectadas nos consoles. O corredor "Deficientes", ainda fechado. As tabuletas nacionais — *Polski, Deutsch, Slovensky* —, ainda guardadas nas prateleiras. A sala de *Kino*, ainda vazia.

Aqui e ali, outras tabuletas: a flechinha verde na parede depois da catraca, intimando a não desviar do sentido obrigatório, verde como a folha das bétulas, ou indicando que o caminho está "livre". Tabuletas para administrar o tráfego humano, como tantas há, incontáveis, onipresentes. Leio ainda a palavra *Vorsicht* ("Atenção!") atravessada por um raio vermelho e seguida pelas palavras *Hochspannung — Lebensgefahr*, isto é, "Alta tensão" e "Perigo de vida" (quer-se, naturalmente, indicar com isso perigo de morte). Hoje, porém, *Vorsicht* parece-me soar bem diversamente: antes como um convite a dirigir a vista (*Sicht*) para um "diante" (*vor*) do espaço, para um "antes" (*vor*) do tempo, até mesmo para uma causa do que vemos (como na expressão *vor Hunger sterben*, "morrer de fome") — causa ou "coisa originária" (*Ursache*) cuja eficácia para a "coisa" dos campos não terminamos de investigar.

Outras tabuletas continuam a surgir meio que por toda parte: lápides memoriais, como dizem, ou textos escritos em branco — nos três idiomas, polonês, inglês e hebraico — destacam-se contra um fundo preto. Ou ainda, mais prosaicas, as sinalizações na forma tão familiar de "passagens proibidas": silêncio; não circule em trajes de banho; não fume; não coma, não beba (a imagem, barrada por um traço vermelho, representando um hambúrguer ao lado de um grande copo de Coca-Cola); não use o celular; não passeie com o rádio ligado; não arraste sua mala nesse campo; não entre aqui com seu carrinho de bebê; não use flash fotográfico ou câmera no interior dos galpões; deixe o cão na entrada.

Este galpão do campo de Auschwitz foi transformado em estande comercial: vende guias, vídeos, livros com depoimentos, obras pedagógicas sobre o sistema concentracionário nazista. Vende até um gibi de segunda categoria, que parece contar a paixão entre uma prisioneira e um guarda do campo. No entanto, é um pouco cedo para nos alegrarmos completamente. Auschwitz como *Lager*, lugar de barbárie, sem dúvida foi transformado em lugar de cultura, Auschwitz "museu de Estado", e assim é melhor. A questão toda está em saber de que gênero de cultura esse lugar de barbárie tornou-se o espaço público exemplar.

Parece não haver ponto em comum entre uma luta pela vida, pela sobrevivência, no contexto de um "lugar de barbárie" que foi Auschwitz como campo, e um debate sobre as formas culturais da sobrevivência, no contexto de um "lugar de cultura" que é hoje Auschwitz como museu de Estado. Mas há. É que o lugar de barbárie foi possibilitado — uma vez que foi pensado, organizado, sustentado pela energia física e espiritual de todos aqueles que nele trabalharam negando a vida de milhões de pessoas — por determinada cultura: uma cultura antropológica e filosófica (a raça, por exemplo), até mesmo uma cultura estética (o que fez com que dissessem, por exemplo, que uma arte podia ser "ariana" e outra "degenerada").[3] A cultura, portanto, não é a cereja do bolo da história; desde sempre é um lugar de conflitos em que a própria história ganha forma e visibilidade no cerne mesmo das decisões e atos, por mais "bárbaros" ou "primitivos" que estes sejam.

Eu caminhava rente aos arames farpados quando um passarinho veio pousar perto de mim. Bem ao lado, mas: do outro lado. Tirei uma foto, sem pensar muito, provavelmente tocado pela liberdade daquele animal que driblava as cercas. A lembrança das borboletas desenhadas em 1942, no campo de Theresienstadt, por Eva Bulová,[4] uma criança de doze anos que viria a morrer aqui, em Auschwitz, no início de outubro de 1944, possivelmente me veio à cabeça. Mas hoje, observando essa imagem, percebo uma coisa bem diferente: em segundo plano, corre o arame farpado eletrificado do campo, com o metal já escurecido pela ferrugem e disposto segundo uma "trama" bastante peculiar que não vemos no arame farpado do primeiro plano. A cor deste último — cinza--claro — sugere que foi instalado recentemente.

Compreender isso já me dá um aperto no coração. Significa que Auschwitz como "lugar de barbárie" (o campo) instalou os arames farpados do fundo nos anos 1940, ao passo que os do primeiro plano foram dispostos por Auschwitz como "lugar de cultura" (o museu) bem mais recentemente. Por que razão? Seria para orientar o fluxo dos visitantes, empregando o arame farpado como "cor local"? Ou para "restaurar" uma cerca degradada pelo tempo? Não sei. Mas sinto claramente que o passarinho pousou entre duas temporalidades terrivelmente disjuntas, duas gestões bem diferentes da mesma parcela de espaço e de história. Sem saber, o passarinho pousou entre a barbárie e a cultura.

O famoso "paredão das execuções", em Auschwitz, situa-se entre os galpões 10 e 11. No rés do chão deste último, havia uma pequena "sala de serviço" SS, que funcionava como tribunal penal da Gestapo de Katowice, e outras, onde os detentos aguardavam a execução: salas "restauradas", segundo nos disseram. No subsolo ficavam as celas da prisão do *Stammlager* ou "campo principal" (originariamente, a palavra *Stamm* designa o tronco de uma árvore, denotando dessa forma o essencial de alguma coisa ou seu elo genealógico, como na expressão *der Apfel fällt nicht weit vom Stamm* [A maçã não cai longe do tronco], que equivale à nossa expressão "tal pai, tal filho"). Vemos ainda, no topo dos muros, o que sobrou dos canos da calefação. Vemos as minúsculas masmorras, onde os prisioneiros, privados de tudo — comida, ar, luz —, morriam de fome e de sede.

O "paredão das execuções" (*Erschiessungswand*), também chamado "paredão da morte", era efetivamente pintado de preto e forjado em placas de cimento, areia e madeira, materiais destinados a evitar o ricocheteio das balas. O paredão que vejo agora — onde houve quem depositasse uma pedra branca, uma coroa funerária, uma rosa artificial ou uma imagem pia — é feito, por sua vez, de um aglomerado de fibras cinzentas embebidas numa argamassa, gesso ou cimento líquido. Dir-se-ia um material isolante ou uma parede de teatro. Sensação dolorosa — uma vez que aqui nenhuma placa me informa sobre a realidade do que vejo —, a de que as paredes de Auschwitz nem sempre dizem a verdade.

Sensação dolorosa, ver os galpões do campo — os galpões 13 a 21 — transformados em "pavilhões nacionais", como na Bienal de Veneza, realizada justamente no momento em que atravesso o logradouro. Aqui, mais que em outros pontos, as paredes mentem: uma vez dentro do galpão, não vejo mais nenhum galpão, tendo tudo sido "remanejado" como espaço de exposição. O pavilhão polonês, com seus grandes quadros didáticos e sua ênfase nacional; o pavilhão italiano, com sua arquitetura inferior entrançada, como se carecesse de uma extravagância decorativa para veicular sua mensagem histórica; o pavilhão francês, com seu "roteiro" assinado por Annette Wieviorka, sua "cenografia" e seu "grafismo", seus rostos de sombras desenhados na parede, sua instalação imitando uma obra de Christian Boltanski e um cartaz do filme *Shoah*, de Claude Lanzmann.[5] Os livros de Annette Wieviorka são mais que nunca necessários nas bibliotecas, o filme de Claude Lanzmann, mais que nunca necessário nas salas de cinema. Todos os centros culturais — bibliotecas, salas de cinema, museus —, desnecessário dizer, podem contribuir no mundo inteiro para construir uma memória de Auschwitz. Mas o que dizer quando Auschwitz deve ser esquecido em seu próprio lugar, para constituir-se como um lugar fictício destinado a lembrar Auschwitz?

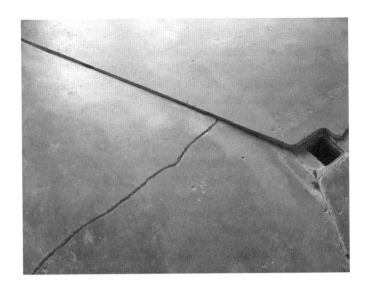

É bem diferente em Birkenau. Aqui, as paredes quase desapareceram. Mas a escada não mente e nos golpeia com uma força — uma força de desolação, de terror — inaudita. Tampouco o chão mente. Auschwitz, hoje, tende para o museu, enquanto Birkenau continua um simples sítio arqueológico. É pelo menos o que desponta quando olhamos o que resta para ver, ali onde quase tudo foi destruído: por exemplo, chão fissurado, ferido, varado, rachado. Escoriado, dilacerado, aberto. Desagregado, estilhaçado pela história, um chão que berra.

Um lugar desse tipo exige do visitante que ele se interrogue, num momento qualquer, sobre seus próprios atos de olhar. Com o tempo, percebi que uma certa configuração de meu próprio corpo — baixa estatura, olhos teimosamente míopes a despeito de todos os óculos, um certo medo fundamental — incitava-me a privilegiar as coisas que estão embaixo. Tenho o costume de andar olhando para o chão. Alguma coisa deve ter restado de um antiquíssimo — mais valeria dizer infantil — medo de cair. Mas também de uma certa propensão à vergonha, de maneira que durante muito tempo encarar alguma coisa foi para mim tão difícil — o sentimento de que era preciso uma verdadeira coragem para isso — quanto necessário. Daí resultou, como que espontaneamente, um conjunto de gestos imperceptíveis destinados a concentrar, mais que dissipar, meu campo visual. Julguei então por bem transformar essa genérica timidez diante das coisas, essa vontade de fugir ou de permanecer numa perpétua atenção flutuante, em observação de tudo que está embaixo: as primeiras coisas a serem vistas, as coisas que temos "debaixo do nariz", as coisas chãs. Como se me curvar para ver me ajudasse a pensar melhor o que vejo. Em Birkenau, um abatimento particular perante a história sem dúvida fez minha cabeça abaixar um pouco mais que o normal.

Fui, portanto, a Birkenau. Como tantos outros — os milhares de turistas, de peregrinos, ou as poucas centenas de sobreviventes, às vezes uns tomando-se pelos outros —, "visito" essa capital do mal que o homem sabe fazer ao homem. Isso rima com quê? E por que escrevê-lo? Não me persuadi, e faz muito tempo, de que isso seria impossível para mim? Não obstante, nada mais fácil que tomar o avião para Varsóvia, o trem para Cracóvia, o ônibus para Auschwitz e a van para Birkenau. Embora cerca de oitocentas pessoas chamadas Huberman constem do registro dos mortos da Shoah, não me sinto em condições de "retornar" a Auschwitz-Birkenau, como declarava legitimamente Paula Biren, uma sobrevivente do campo, diante da câmera de Claude Lanzmann: "Muitas vezes eu quis. Mas o que veria? Como enfrentar aquilo? [...] Como voltar àquilo, visitar?".

Transpus então a porta do antigo inferno, tão calmo e silencioso nesta manhã de domingo. Subi à guarita principal. Fotografei a janela que dá para a rampa de triagem. Meu amigo Henri, que me acompanhava — e cuja impassível serenidade me fizera decidir dar o passo dessa viagem —, me contou ter me ouvido dizer: "Isto é inimaginável". Foi o que eu disse, claro, como todo mundo. Mas, se devo continuar a escrever, ajustar o foco, fotografar, montar minhas imagens e pensar isso tudo, é precisamente para tornar uma frase desse tipo incompleta. Cumpriria dizer: "Isto é inimaginável, logo devo imaginá-lo apesar de tudo". Para representar alguma coisa pelo menos, um mínimo do que é possível saber.

Olhei, era inimaginável e simples ao mesmo tempo. Descortinando, ao longe, a rampa de triagem — com um grupo rarefeito de turistas na aleia frontal —, senti claramente o inimaginável da realidade passada (a tragédia das triagens) como o inimaginável do ponto de vista passado (a verificação, diante da mesma janela, do funcionamento correto das coisas por parte dos SS de plantão). O inimaginável, no caso das vítimas, foi a impossibilidade de forjar uma imagem clara dos minutos que se seguiriam, que iriam consumar — consumir — seu destino. Ou então a recusa, no caso do SS de plantão, a imaginar a humanidade dos homens, mulheres e crianças que ele observava do alto e a distância. Mas hoje, para mim, nesta página, para qualquer um diante de um livro de história ou no território de Auschwitz, é a necessidade de não se resignar a esse impasse da imaginação, esse impasse que foi precisamente uma das grandes forças estratégicas — via mentiras e brutalidades — do sistema de extermínio nazista.

A partir desse momento, fotografei praticamente qualquer coisa às cegas. Em primeiro lugar, porque uma espécie de urgência me empurrava para a frente. Depois, porque não me apetecia transformar o lugar numa série de paisagens bem focadas. Por fim, todo e qualquer ajuste me era tolhido, tecnicamente falando, na medida em que a luz opressa desse meio de dia, cuja intensidade, ou, caso prefiram, cuja intensidade de chumbo, chegava a ser acentuada pelas nuvens no céu, me impedia de verificar o que quer que fosse no pequeno visor de minha câmera digital.

Mas o que é um horizonte em Birkenau? O que é um horizonte neste lugar concebido para dissipar toda esperança? O horizonte, primeiramente, são esses terrenos — hoje desolados, na época pululantes de uma população completamente aterrorizada — dominados pelas guaritas. Com efeito, ao longe vemos a linha da crista das árvores da floresta. Convém então projetar seu olhar o mais longe possível, para além das cercas eletrificadas do campo: lá onde a natureza "recupera seus direitos" e onde, talvez, ainda exista um direito para os humanos, cuja negação este lugar, justamente, gerou de modo tão eficaz. Mas o horizonte, aqui, são acima de tudo as linhas horizontais do arame farpado — aproximadamente umas vinte carreiras —, que, da altura de um homem, onde quer que estejamos, aprisionam tanto a vista como a vida.

Todo o espaço é rasurado, riscado, ceifado, barrado, escorchado pelo arame farpado. Horizontais eriçadas, instaladas não para criar balizas, como num aparelho óptico com grade perspectiva, mas para fazer desistir de tudo. É, portanto, um horizonte para além de toda orientação ou desorientação. Horizonte mentiroso, no qual a abertura para o distante choca-se com a implacável cerca de arame farpado. Ao contrário de uma prisão — que, teoricamente, é um espaço jurídico e cuja cerca se materializa em muros opacos —, o campo de Birkenau fecha-se em sua negação do direito na mesma medida em que é visualmente "aberto" para o exterior.

Hoje, com praticamente tudo destruído — em especial os crematórios, dinamitados pelos SS entre 20 e 22 de janeiro de 1945, imediatamente antes da chegada dos primeiros soldados do Exército Vermelho, no dia 27 —, o horizonte de Birkenau situa-se com mais intensidade entre os galpões de madeira ainda presentes, os postes em riste da cerca e os vestígios de tudo o que foi demolido. Eis por que o solo se reveste de tal importância para quem visita esse tipo de lugar. Convém olhar como um arqueólogo: nesta vegetação, repousa uma imensa desolação humana; nestas fundações retangulares e nestas pilhas de tijolos, repousa todo o horror das chacinas coletivas nas câmaras de gás; nesta toponímia aberrante — "Kanada", "Mexiko" —, repousa toda a loucura lógica de uma organização racional da humanidade compreendida como matéria-prima, como resíduo a ser transformado; nestas tranquilas superfícies pantanosas, repousam as cinzas de incontáveis assassinados.

Entrei nos galpões ainda intactos (se pudermos dizer assim). Espaços absolutamente desmesurados e fechados. Agora que não há mais ninguém aqui para sofrer, gemer, morrer ou sobreviver, chama atenção uma espécie de estado anterior a essa condição humana: quero falar do modo de construção, de sua simplicidade, de sua indigência cruel, de sua lógica de estábulo. Tijolo e cimento no que se refere ao piso, latrinas, tubulações e chaminés. Todo o restante é madeira: vigas, tábuas, e só. A rústica carpintaria do andaime. A costaneira escura das divisórias, típica das construções camponesas na Polônia. O sistema de fechadura das portas.

Fotografar isto é fatalmente produzir imagens de perspectivas aterradoras: construções compridas, onde, por exemplo, sucedem-se infindáveis e sumários buracos de latrinas. Compreendemos por que, num lugar assim, a forma cinematográfica mais óbvia foi o *travelling* adotado por Alain Resnais em *Noite e neblina*[6] (do qual se diferenciam as panorâmicas e os planos-sequência de Claude Lanzmann ao filmar, em *Shoah*, os "não lugares" dos sítios de extermínio em que não restava mais nenhuma construção). Além disso, o *travelling* exige trilhos, assemelhando-se, por conseguinte, ao próprio dispositivo ferroviário, dispositivo essencial para a "Solução Final", uma vez que se tratava — como Raul Hilberg[7] mostrou — de administrar o transporte das populações judaicas de toda a Europa até esta fatal "rampa" de Birkenau. Este galpão, estábulo de seres humanos, do qual fotografo apenas a porta — que é como o ponto final, o "alto lá!" de todas essas perspectivas —, não teria sido, no fim das contas, apenas mais um gigantesco vagão de animais? O último vagão, o vagão extra, o espaço de uma vida infernal esperando o pior?

Ei-la, mais que em outro lugar qualquer, essa perspectiva aterradora. É o caminho — a "estrada do campo" chamada pelos funcionários nazistas de *Lagerstrasse A* — que levava seja para o *Zentralsauna*, no caso dos "aptos", que teriam as roupas confiscadas e seriam desinfetados pelo Zyklon B, tatuados etc.; seja para os crematórios IV e V, no caso dos "inaptos", fadados à asfixia sumária por gás mediante doses mortais do mesmo Zyklon B. Outro caminho, chamado *Hauptstrasse* ou "estrada principal", dirigia os "inaptos" recém-chegados para os grandes crematórios II e III.

Foi nessa estrada, após a "triagem" na *Judenrampe*, que um funcionário nazista se posicionou, entre maio e junho de 1944, para fotografar os judeus húngaros saindo em comboio, em especial os tais "inaptos" — mulheres, crianças, idosos —, estes conduzidos diretamente para a morte.[8] Neste domingo tranquilo de junho de 2011, a estrada está vazia: não há um único turista no horizonte. Não passa de uma via pedregosa que leva da zona ferroviária do campo à zona das câmaras de gás. A imagem que capturei, focando rapidamente e fazendo um simples gesto com o dedo, é no fundo muito mais abstrusa, a despeito de sua grande banalidade, muito mais complexa que qualquer coisa que cogitamos dizer quando *esperamos tudo* de uma fotografia ("agora sim, é isso!") ou, ao contrário, quando *não esperamos mais absolutamente nada* dela ("não, não é nada disso, isso é inimaginável").

Basta um ponto de vista arqueológico para varrer as falsas dificuldades de tal alternativa. Sim, é exatamente isto, sim, é isto que ainda resiste ao tempo: é de fato esta estrada, este caminho, são de fato estas duas cercas de postes de cimento e arame farpado. Apesar de agora vazio de todos os atores de sua tragédia, este é claramente o lugar de nossa história. O fogo da história passou. Partiu como a fumaça dos crematórios, soterrado junto com as cinzas dos mortos. Isso significaria que não há nada a imaginar porque não há nada — ou muito pouco —

a ver? Certamente não. Olhar as coisas de um ponto de vista arqueológico é comparar o que vemos no presente, o que sobreviveu, com o que sabemos ter desaparecido.

A verdade não é dita com palavras (toda palavra pode mentir, toda palavra pode significar tudo e seu contrário), mas com frases. Minha fotografia da "estrada do campo" ainda não passa de palavra incipiente. Pede para ser situada numa frase. Aqui, a frase não é outra senão meu relato por inteiro, relato feito de palavras e imagens inconsúteis. Mas uma mesma palavra só ganha sentido se utilizada em contextos que convêm saber variar, *experimentar*: contextos diferentes, frases, montagens diferentes. Por exemplo, a montagem que consistisse, após percorrer solitariamente essa estrada, em escrutar os rostos daqueles e daquelas que por ela passaram num dia de maio ou de junho de 1944: aqueles rostos que o oficial nazista fotografou sem fitá-los, mas que hoje nos encaram de páginas aterradoras — chãs e hediondas, simples e vertiginosas ao mesmo tempo — do *Álbum de Auschwitz*.[9]

É preciso andar certo tempo. No fim da *Lagerstrasse A*, atravessamos novamente um portão gradeado. Em seguida, é preciso virar à esquerda para entrar na *Lagerstrasse B*, que prolonga — tudo aqui é vazio, mas esses topônimos indicam claramente que estamos numa cidade, uma imensa cidade de fantasmas — a *Ringstrasse*. É aqui que começa o *Birkenwald*, ou bosque de bétulas. Ele surge em toda a sua serenidade verdejante (no inverno deve ser bem diferente), com toda a delicada beleza dos troncos brancos com suas manchas, que evocam resquícios de alguma partitura musical. Em algumas de minhas fotografias, não se veem senão as árvores, como se meu olhar tivesse buscado sua respiração a despeito do arame farpado. Mas o arame farpado está efetivamente aqui, com seus postes de cimento e fios eletrificados. Tudo isso tornado tão discreto pela força visual dos troncos de árvores ao redor, tão presente, não obstante indique nessa banal floresta um centro de massacre organizado.

Estamos nas imediações dos crematórios IV e V. Nas pranchas do *Álbum de Auschwitz* reunidas pelo fotógrafo nazista sob a rubrica "inadaptados", vemos dezenas de mulheres e crianças agrupadas entre as árvores, sentadas no capim, que um olhar desatento poderia situar numa cena de piquenique gigante (na realidade, elas não comem, esperam, e as que vemos com a mão na boca só fazem esse gesto pela angústia que as paralisa diante da lente intimidante do SS). Vez por outra, ao fundo, vemos os postes eletrificados. Mas os troncos de árvores já são como barras de uma imensa prisão, ou melhor, malhas de uma armadilha obsidional.

O sítio do crematório V forma uma espécie de clareira no bosque de bétulas. Em novembro de 1942, começaram as obras de construção, e, em 5 de abril de 1943, os SS já podiam organizar ali uma primeira asfixia em massa nas câmaras de gás. Hoje, o visitante não vê senão aproximadamente o que viram os soviéticos em janeiro de 1945: simples ruínas, um monte de escombros diante dos quais uma pequena placa "passagem interditada" sugere não "entrar".

Sabemos que os russos tentaram remover esses vestígios, talvez com a ideia de trazer à luz os restos do forno crematório fabricado — como todos os demais —

pela honrada empresa Topf und Söhne,[10] inicialmente especializada no fornecimento de grelhas industriais ou para a torrefação de cereais. Porém, como as cargas explosivas haviam sido instaladas justamente dentro desses fornos, restaram apenas pilhas informes de tijolos e ferragens. Uma tabuleta posicionada diante dos escombros fornece atualmente a configuração exata do prédio, cujas plantas os funcionários da *Bauleitung*, o serviço de construção do campo, não tiveram tempo, em 1945, de queimar.

Foi deste ponto que, em agosto de 1944, um membro do *Sonderkommando*, na companhia de todos os seus camaradas, tirou as quatro fotografias que constituem, até o dia de hoje, os únicos testemunhos visuais de uma operação de asfixia por meio de gás no próprio tempo de seu desenrolar. Testemunhos produzidos pelos próprios prisioneiros e destinados a ser transmitidos, como os famosos "manuscritos dos *Sonderkommandos*", para além do mundo fechado — implacável ferrolho do espaço e implacável fatalidade do tempo — de Birkenau. O caráter excepcional desses documentos incitou os curadores do museu de Estado de Auschwitz-Birkenau a instalar, bem em frente às ruínas, três lápides reproduzindo as fotografias e resumindo as condições em que foram realizadas.

Já se passaram mais de dez anos desde que dediquei a essas fotografias um trabalho de escrita: um ensaio, uma tentativa de olhá-las de perto, esboçar sua fenomenologia, situar seu teor histórico, compreender seu valor perturbador para nosso próprio pensamento.[11] Isso não aconteceu sem dor: dificuldades intrínsecas de enfrentar tais imagens, dificuldades extrínsecas de enfrentar uma polêmica relativa ao fato mesmo de lhes atribuir tal importância.[12] Essas dificuldades não são minhas; elas acompanham, penso, toda decisão "cultural" ligada à transmissão e à museificação de um acontecimento histórico de consequências — memoriais, sociais, filosóficas, políticas — consideráveis.

Portanto, resumo a situação nesta clareira do bosque de bétulas: de um lado, uma encantadora floresta verdejante, do outro, uma montanha de tijolos e vergalhões, ou seja, o que resta do crematório V de Birkenau, onde, contra qualquer direito humano, milhares de pessoas foram assassinadas. Entre os dois, as três "lápides" fotográficas, esses "lugares de memória", como se diz, que quatro outras lápides negras vêm complementar, a poucos passos de distância: contêm inscrições em letras brancas, em quatro idiomas, em que podemos ler as palavras "memória", "vítimas", "genocídio", "cinzas" e a expressão "repousem em paz". Vemos também, delicadamente depositadas pelos peregrinos de passagem, rosas vermelhas ou pedrinhas funerárias da tradição judaica.

Evidentemente, já conhecendo as fotografias, fico impressionado com a operação de que foram objeto até alcançarem, sobre essas lápides, o status de "lugares de memória". Não quero falar aqui como "especialista" — que não sou — maníaco. Apenas me vem à cabeça esta pergunta, a mais evidente possível: cumpre então simplificar para transmitir? Embelezar para educar? Radicalizando, poderíamos dizer: temos de mentir para dizer a verdade? Quem então assumiria responder afirmativamente a tais perguntas? Se bem me lembro, no subsolo do memorial dos judeus assassinados da Europa, em Berlim, os documentos são expostos num espírito de exatidão escrupulosa: as cartas de deportados foram fotografadas, transcritas e traduzidas para o visitante, que delas recebe, simultaneamente, toda a verdade material com toda a força emocional (pois essas cartas são perturbadoras, e não é o escrúpulo filológico que poderia reduzir sua capacidade de nos abalar, muito pelo contrário).

Aqui não: como em tantos outros livros de história ou "museus da memória", as fotografias do *Sonderkommando* foram simplificadas, uma maneira de trair suas próprias condições de existência. Em primeiro lugar, mencionam — e mostram — três das quatro fotografias de fato remanescentes. Que mal causaria então essa quarta imagem, tornada invisível, às outras três? Sabemos as condições de extremo perigo vivenciadas pelo fotógrafo clandestino[13] de Birkenau, sobretudo no momento em que teria decidido registrar, de fora do crematório — ou seja, a apenas poucos metros da indefectível guarita —, a carreira desesperada das mulheres conduzidas à câmara de gás.

A fotografia ausente nas lápides não passara de um teste para capturar essa corrida: na impossibilidade de ajustar o foco, isto é, de sacar o aparelho do balde onde ele o escondia, na impossibilidade de posicionar o olho no visor, o integrante do *Sonderkommando* orientou como pôde sua lente para as árvores, às cegas. Não sabia evidentemente que efeito aquilo teria sobre a imagem. O que hoje somos capazes de identificar são as árvores da floresta de bétulas: apenas as árvores, suas frondes projetadas para o céu e a luz saturada daquele dia de agosto de 1944.

Para nós, que aceitamos examiná-la, essa fotografia "defeituosa", "abstrata" ou "desorientada" testemunha algo que permanece essencial, isto é, o próprio perigo, o vital perigo de presenciar o que acontecia em Birkenau. Testemunha a situação de urgência e da quase impossibilidade de testemunhar naquele momento preciso da história. Para o idealizador do "lugar de memória", essa fotografia é inútil, uma vez que privada do referente que ela visa: não se vê ninguém nessa imagem. Mas será necessária uma realidade claramente visível — ou legível — para que o testemunho se consume?

Quanto às três fotografias restantes, constato sem demora que foram decupadas de maneira a tornar mais "legível" a realidade que elas testemunham: a imagem das mulheres que correm em direção à câmara de gás não passa aqui de um close extraído da fotografia real, na qual o próprio bosque de bétulas ocupa uma área bem maior. As duas imagens mostrando a incineração dos corpos ao ar livre foram "corrigidas" de maneira a suprimir justamente aquilo que as tornara possíveis, a saber, o ângulo enviesado e a grande penumbra — a da própria câmara de gás —, graças aos quais o fotógrafo clandestino pôde sacar seu aparelho e ajustar o foco. Com efeito, ele precisava *se esconder para ver*, e é isso que a pedagogia memorial quer aqui, curiosamente, nos fazer esquecer.

Ergui os olhos para o céu. Naquela tarde de junho em que o anil estava plúmbeo, cor de borralho, senti a luz implacável como quem leva um soco. A fronde das bétulas acima da cabeça. Fiz uma ou duas fotografias às cegas, sem saber bem por quê — não tinha, naquele momento, nenhum plano de trabalho, de argumento, de narrativa —, mas hoje vejo claramente que essas imagens lançam uma pergunta muda às árvores do *Birkenwald*. Uma pergunta feita às próprias bétulas, a rigor os únicos sobreviventes que continuam a crescer por aqui. Comparando minha imagem à do fotógrafo clandestino de

Birkenau, constato que os troncos de bétulas estão agora muito mais grossos, muito mais sólidos que em agosto em 1944.

A memória não requer apenas nossa capacidade de fornecer lembranças circunstanciadas. As testemunhas eminentes dessa história — David Szmulewski, Zalmen Gradowski, Lejb Langfus, Zalmen Lewental, Yakov Gabbay ou Filip Müller —[14] transmitiram tanto afetos quanto representações, tanto impressões fugazes, irrefletidas, quanto fatos declarados. É nesse aspecto que seus estilos nos interessam, que suas línguas nos perturbam. Como nos interessam e perturbam as escolhas emergenciais adotadas pelo fotógrafo clandestino de Birkenau para dar uma consistência visual — onde o não reconhecível rivaliza com o reconhecível, como a sombra com a luz —, uma forma a seu testemunho desesperado.

Ignorando a placa de proibido, passeei demoradamente por entre as ruínas silenciosas do crematório V, essa desolação "ao ar livre...", expressão que já lamento, de tal forma ecoa o paradoxo induzido pela crueldade e a condenação à sombra — e à morte — inerentes a um lugar desse tipo. O céu carregado, uma brisa soprava ao redor. As fundações nitidamente visíveis, a pertinácia de alguns renques de tijolos, tudo isso levava, como por uma inversão da paisagem aberta à minha frente, a imaginar as paredes e os tetos desse galpão onde sufocaram tantas vidas humanas. Vemos a floresta bem defronte, estendendo-se serena além da cerca de arame farpado.

Logo, a imagem por mim produzida adota, na realidade, um ângulo não muito distante do ponto de vista adotado antes pelo fotógrafo de Birkenau (deixo de lado uma questão de orientação, que tentei elaborar em outro lugar e que concerne ao sentido, invertido ou não, da folha de contatos preservada no museu de Auschwitz com relação ao negativo desaparecido).[15] O formato retangular de minha imagem corta a vista na fronde das bétulas, ao passo que o formato quadrado da câmera utilizada pelo membro do *Sonderkommando* deixava aparecer uma nesga de céu acima das mesmas árvores.

A despeito das veementes e insistentes negações de Claude Lanzmann — devam-se elas a algum argumento metafísico ou pura e simplesmente à má-fé de quem pretende ter, ou sempre ter tido, razão —, surge aqui, em meio a esse monte de entulho e linhas demarcatórias, uma terrível evidência, que estabeleci com base na análise das plantas de edificação dos crematórios e do depoimento crucial dado em 1987 por David Szmulewski, único sobrevivente desse episódio, respondendo às perguntas meticulosas de Jean-Claude Pressac. Uma terrível evidência — que as imagens aéreas da RAF,[16] capturadas em 23 de agosto de 1944, mas só recentemente reveladas, não fazem senão reforçar com um novo ponto de vista. É que as duas fotografias do *Sonderkommando* em que descobrimos a cremação dos corpos sobre o talude em frente foram, na realidade, feitas a partir do interior de uma câmara de gás: com a porta aberta para a face norte, esclarecia Szmulewski, com fins de arejamento. Essa mesma porta da qual não podemos, hoje, senão contemplar a soleira quebrada.

Por que tal hipótese desencadeou tantas resistências, raiva e ilações duvidosas? A resposta decerto reside nos diferentes valores de uso aos quais se pretende referir a expressão "câmara de gás" nos discursos hoje promovidos sobre o grande massacre dos judeus durante a Segunda Guerra Mundial. Para um metafísico do Holocausto, "câmara de gás" significa o cerne de um drama e de um mistério: o lugar por excelência da *ausência de testemunha*, análogo, de certa forma, por sua invisibilidade radical, ao centro vazio dos tabernáculos.

Convém dizer, ao contrário, e sem temer a terrível significação que os conceitos assumem quando os reportamos à sua materialidade, que a câmara de gás era, para um membro do *Sonderkommando*, o "lugar de trabalho" quase cotidiano, o lugar infernal do *trabalho da testemunha* (tenha essa testemunha sobrevivido milagrosamente, como Filip Müller, ou morrido como todas as demais, mas tendo conseguido perpetuar o relato de sua condição, como Zalmen Gradowski). O gesto do fotógrafo clandestino foi, no fim das contas, tão simples quanto heroico: ao se posicionar dentro da câmara de gás, justamente onde os SS o obrigavam, dia após dia, a descarregar os cadáveres das vítimas recém-assassinadas, ele transformou, por alguns raros segundos roubados à atenção de seus guardiões, o *trabalho servil*, seu trabalho de escravo do inferno, num verdadeiro *trabalho de resistência*.

Para nós que hoje tentamos, sem sucesso, calcular o horror dos assassinatos em massa, a câmara de gás *significa* em primeiro lugar o centro *absoluto* da "Solução Final". Mas as condições reais — sempre materiais, triviais, circunstanciais — de um processo desse tipo nunca são absolutas, de maneira que a câmara de gás existia para cada um na rede *relativa* — cruelmente relativa — das "triagens", das decisões da SS e, em geral, das inúmeras condições em que cada destino podia variar, bifurcar-se, por pouco que fosse, no próprio âmbito desse implacável horizonte de morte. O gesto do fotógrafo clandestino de Birkenau, utilizando o limiar da câmara de gás como abrigo momentâneo e moldura enviesada para seu ato de testemunho, não deve ser compreendido, portanto, como essa minúscula bifurcação de seu trabalho de morte em trabalho de olhar?

Aventurei-me então junto à cerca, na direção norte. Vemos ali, no ângulo do perímetro estabelecido para essa zona de Birkenau, a guarita que deve ter sido objeto de todas as inquietudes por parte dos membros do *Sonderkommando* durante sua operação de registros clandestinos. Era aqui, junto à cerca eletrificada, que os companheiros do fotógrafo clandestino — cujo trabalho ele literalmente documentou — lançavam os cadáveres das vítimas recém-asfixiadas em grandes fornalhas a céu aberto, das quais escapava uma fumaça grossa, a mesma que vemos, com bastante nitidez, nas fotos aéreas da RAF.

Sabemos que, até o outono de 1942, os corpos das vítimas judias dos *bunkers* I e II eram enterrados. Durante a visita que fez a Auschwitz em 17 e 18 de julho de 1942, Heinrich Himmler assistiu a uma asfixia por gás no *bunker* II e ao enterro dos cadáveres. Mas os SS temiam igualmente a poluição, produzida pelos cadáveres em decomposição, do lençol freático, o que levantava novos problemas de logística para o projeto de internar mais cem mil detentos em Birkenau. Himmler ordenou então que os corpos fossem queimados, tomando como modelo — adotado pelo coronel SS Paul Blobel — as grandes fornalhas de Chelmno.[17] Assim, do fim de setembro ao fim de novembro de 1942, cinquenta mil corpos foram queimados a céu aberto na zona do bosque de bétulas. Filip Müller relatou meticulosamente a escavação dos novos fossos de incineração defronte do crematório V, na primavera de 1944, para dar conta da vasta operação de extermínio dos judeus húngaros.[18]

Desde essa época, os fossos foram vedados. O que posso ver, próximo à cerca do campo, assemelha-se provavelmente a um estado do solo *anterior* a esses terríveis dispositivos, que mediam entre quarenta e cinquenta metros de comprimento por oito de largura e dois de profundidade, aos quais foram acopladas sarjetas destinadas a recolher a gordura humana. Falando "absolutamente", não há mais nada para ver de tudo isso. Mas o *depois* dessa história, no qual me situo hoje, tampouco pode deixar de ser trabalhado, trabalhado *a posteriori*, trabalhado "relativamente". É o que posso constatar ao descobrir, com um aperto no coração, a bizarra profusão de flores brancas no lugar exato dos fossos de cremação.

Georges Bataille escreveu, há tempos, um belo artigo intitulado "A linguagem das flores". Nele, vira de ponta-cabeça o valor tranquilizador atribuído às flores quando queremos ignorar sua relação com a sexualidade, com o desfolhamento de qualquer coisa ou com o apodrecimento das raízes. Aqui, o paradoxo é ainda muito mais cruel. Pois a exuberância com que as flores dos campos crescem não passa, no fim das contas, da contrapartida de uma hecatombe humana galvanizada por essa faixa de terra polonesa.

Logo, nunca poderemos dizer: não há nada para ver, não há mais nada para ver. Para saber desconfiar do que vemos, devemos saber mais, ver, apesar de tudo. Apesar da destruição, da supressão de todas as coisas. Convém saber olhar como um arqueólogo. E é através de um olhar desse tipo — de uma interrogação desse tipo — que vemos que as coisas começam a nos olhar a partir de seus espaços soterrados e tempos esboroados. Caminhar hoje por Birkenau é deambular por uma paisagem tranquila e discretamente orientada — balizada por inscrições, explicações, documentada, em suma —

pelos historiadores desse "lugar de memória". Como a história aterradora da qual esse lugar foi teatro é uma história passada, gostaríamos de acreditar naquilo que vemos em primeiro lugar, ou seja, que a morte foi embora, que os mortos não estão mais aqui.

Mas é justamente o contrário que pouco a pouco descobrimos. A destruição dos seres não significa que eles foram para outro lugar. Eles estão aqui, decerto: aqui, nas flores dos campos, aqui, na seiva das bétulas, aqui, neste pequeno lago onde repousam as cinzas de milhares de mortos. Lago, água adormecida que exige de nosso olhar um sobressalto perpétuo. As rosas depositadas pelos peregrinos na superfície da água ainda flutuam, e começam a murchar. As rãs saltam de todos os lados quando me aproximo da beira d'água. Embaixo estão as cinzas. Aqui, temos de compreender que caminhamos no maior cemitério do mundo, um cemitério cujos "monumentos" não passam dos restos dos aparelhos concebidos precisamente para o assassinato de cada um separadamente e de todos juntos.

A propósito, os "curadores" deste mais que paradoxal "museu de Estado" chocaram-se com uma dificuldade inesperada e dificilmente administrável: na zona que cerca os crematórios IV e V na orla do bosque de bétulas, a própria terra regurgita constantemente vestígios das chacinas. As inundações provocadas pelas chuvas, em particular, trouxeram incontáveis lascas e fragmentos de ossos à superfície, de maneira que os responsáveis pelo sítio se viram obrigados a aterrá-lo para cobrir essa superfície que ainda recebe solicitações do fundo, que ainda vive do grande trabalho da morte.

Antes de ir embora, fotografei o chão do crematório V. O cimento continua firme, apenas fissurado, rachado em certos lugares. Musgos ou liquens invadiram o local. Aos nazistas que explodiram o prédio para suprimir as "provas" de seu empreendimento criminoso, não ocorreu a ideia de destruir os solos. Nada se parece mais com um chão de cimento do que outro chão de cimento. Mas, como é sabido, o arqueólogo defende outro discurso: os solos falam conosco precisamente na medida em que sobrevivem, e sobrevivem na medida em que os consideramos neutros, insignificantes, sem consequências. É justamente por isso que merecem nossa atenção. Eles são a casca da história.

Sei que determinados sítios memoriais dos campos nazistas — o de Buchenwald, em especial — foram obrigados a recorrer à competência de arqueólogos profissionais para interrogar os solos, escavar as profundezas, exumar os vestígios da história. Em Birkenau, o solo do Kanada II[19] — zona onde não subsiste mais nenhum galpão — "vomita ainda a miserável riqueza das vítimas dos SS", escreve Jean-François Forges em seu recente *Guia histórico de Auschwitz*: talheres, pratos, tigelas de estanho ou latão, cacos de copos ou de garrafas.

Num magnífico texto breve intitulado "Escavar e recordar", Walter Benjamin lembrou — na esteira de Freud — que a atividade do arqueólogo era capaz de esclarecer, para além de sua técnica material, alguma coisa de essencial à atividade de nossa memória. "Quem tenta se aproximar do próprio passado soterrado deve fazer como um homem que escava. Ele não deve temer voltar incessantemente a um único e mesmo estado de coisas — a dispersá-lo como dispersamos a terra, a revirá-lo como reviramos o reino da terra." Ora, o que ele encontra, nessa seleção dispersa, sempre *advinda* do tempo perdido, são "as imagens que, arrancadas de todo contexto anterior, são para nosso olhar posterior joias em roupas sóbrias, como os *torsi* na galeria do colecionador".

Isso significa pelo menos duas coisas. Primeiro, que a arte da memória não se reduz ao inventário dos objetos trazidos à luz, objetos claramente visíveis. Depois, que a arqueologia não é apenas uma técnica para explorar o passado, mas também, e principalmente, uma anamnese para compreender o presente. Eis por que a arte da memória, diz Benjamin, é uma arte "épica e rapsódica": "No sentido mais estrito, portanto, assim como um bom relatório arqueológico não deve apenas indicar as camadas de onde provêm as descobertas, mas também e sobretudo aquelas que precisaram ser atravessadas antes, a verdadeira lembrança deve, num modo épico e rapsódico, fornecer ao mesmo tempo uma imagem daquele que se lembra".[20] Daí não ser pretensão minha, observando esse solo, fazer emergir tudo que ele esconde. Interrogo apenas as camadas de tempo que terei de atravessar antes de alcançá-lo. E para que ele venha juntar-se, aqui mesmo, ao movimento — à inquietude — de meu próprio presente.

O que a casca me diz a respeito da árvore. O que a árvore me diz a respeito do bosque. O que o bosque, o bosque de bétulas, me diz a respeito de Birkenau. Essa imagem, naturalmente, como as outras, é quase insignificante. Quase insignificante, uma coisa superficial: película, sais argênteos que se sedimentam, pixels que se materializam. Sempre tudo na superfície e por superfícies entremeadas. Superfícies técnicas para testemunhar apenas a superfície das coisas. O que isso me diz a respeito do fundo, o que isso atinge no fundo? A maioria das imagens, bem sei, não tem maiores consequências. Milhares de turistas vieram a Birkenau antes de mim, empunhando câmeras, e milhares de vezes posicionaram suas lentes, imagino, exatamente como posicionei a minha. A cada qual o seu álbum, poderíamos dizer. Essas imagens, quase sempre, transformam-se em tesouros particulares — como as imagens oníricas, só são intensas e significativas na lembrança pessoal de quem as preza.

Mas nem todas as imagens permanecem inócuas e não partilhadas. Há imagens — como as do *Sonderkommando* de Birkenau — que são atos coletivos, e não simples troféus ou bibelôs privados. Há superfícies que transformam o fundo das coisas ao redor. Os filósofos da ideia pura, os místicos do tabernáculo não pensam a superfície senão como uma maquiagem, uma mentira: *o que esconde* a essência verdadeira das coisas. Aparência contra essência ou semelhança contra substância, em suma. Podemos pensar, ao contrário, que a substância decretada para além das superfícies não passa de um embuste metafísico. Podemos pensar que a superfície é *o que cai das coisas*: que advém diretamente delas, o que se separa delas, delas procedendo, portanto. E que delas se separa para vir rastejando até nós, até a nossa vista, como retalhos de uma casca de árvore. Por menos que aceitemos nos abaixar para recolher alguns pedaços.

A casca não é menos verdadeira que o tronco. É inclusive pela casca que a árvore, se me atrevo a dizer, se exprime. Em todo caso, apresenta-se a nós. Aparece de aparição, e não apenas de aparência. A casca é irregular, descontínua, acidentada. Aqui ela se agarra à árvore, ali se desfaz e cai em nossas mãos. Ela é a impureza que advém das coisas em si. Enuncia a impureza — a contingência, a variedade, a exuberância, a relatividade — de toda coisa. Mantém-se em algum lugar na interface de uma aparência fugaz e de uma inscrição sobrevivente. Ou então designa, precisamente, a aparência inscrita, a fugacidade sobrevivente de nossas próprias decisões de vida, de nossas experiências sofridas ou promovidas.

O que fui fazer em Birkenau? Por que "voltar àquilo"? Lembro-me de ter circulado de maneira indecisa, embora, evidentemente, orientada por um saber construído desde a infância. Atravessei o bosque de bétulas sem plano preconcebido, e ainda assim caminhava numa direção imperiosa. Tudo isso num estado de ânimo flutuante, porém conturbado, mais indiferente do que a princípio eu teria imaginado, embora integralmente solicitado pela violência do lugar. Senti a atmosfera singular daquele domingo de verão, a escala imprevisível do espaço, a pressão do céu. Olhei as árvores como alguém que interroga testemunhas mudas. Procurei não detestar demais as pobres flores cruéis. Reinscrevi, enquanto andava, este lugar na minha história familiar, meus avós, mortos aqui mesmo, minha mãe, que perdeu toda a faculdade de tocar no assunto, minha irmã, que amou a Polônia numa época em que eu não podia entender, meu primo, que ainda não está preparado, imagino, para essa espécie de reencontro frontal com a história. Pensei naquele amigo judeu polonês que, no mesmo momento, morria na outra ponta da Europa.

Para não ficar fascinado, nem aterrorizado, fiz então como todo mundo: tirei algumas fotografias ao acaso. Quer dizer, nem tão ao acaso. De volta para casa, vi-me diante daqueles poucos pedaços de casca, diante da tabuleta de madeira pintada, da loja de suvenires, do passarinho entre os arames farpados, do simulacro de paredão de fuzilamento, dos solos bem reais fissurados pelo trabalho da morte e do tempo decorrido a partir de então, da janela de guarita, do pedaço de terreno baldio anunciando o inferno, do caminho de terra entre duas cercas eletrificadas, da porta de galpão, dos raros troncos de árvores e das frondes altas no bosque de bétulas, do rastilho de flores silvestres defronte do crematório V, do lago entupido de cinzas humanas. Poucas imagens, quer dizer, três vezes nada para uma história desse tipo. Para a minha memória, contudo, elas são o que algumas aparas de casca de árvore são para um único tronco: lascas de pele, carne germinando.

Em francês, os etimologistas afirmam que a palavra *écorce* ["casca"] representa a extensão medieval do latim imperial *scortea*, que significa "casaco de pele". Como se para tornar evidente que uma imagem, se fizermos a experiência de pensá-la como uma casca, é ao mesmo tempo um casaco — um adorno, um véu — e uma pele, isto é, uma superfície de aparição dotada de vida, reagindo à dor e fadada à morte. O latim clássico produziu uma distinção sutil: não existe uma, mas duas cascas. Primeiro, a epiderme ou o *córtex*. É a parte da árvore imediatamente oferecida ao exterior, e é ela que é cortada, que é "descorticada" primeiro. A origem indo-europeia da palavra — que encontramos nos vocábulos sânscritos *krtih* e *krttih* — denota ao mesmo tempo a pele e a faca que a fere ou extirpa. Nesse sentido, a casca designa essa parte liminar do corpo suscetível de ser atingida, sacrificada, dissociada em primeiro lugar.

Ora, precisamente para o ponto em que ela adere ao tronco — a derme, de certa maneira —, os latinos inventaram uma segunda palavra, que estampa fielmente a outra face da primeira: é a palavra *liber*, que designa a parte da casca ainda mais propícia que o próprio *córtex* a servir de suporte para a escrita. Nada mais natural, portanto, que ela tenha dado seu nome a coisas tão necessárias para inscrever os farrapos de nossas memórias: coisas feitas de superfícies, de lascas de celulose decupadas, extraídas das árvores, onde vêm reunir-se as palavras e as imagens. Coisas que caem de nosso pensamento e que denominamos livros. Coisas que caem de nossos dilaceramentos, cascas de imagens e textos montados, fraseados em conjunto.

(Julho 2011)

Notas da edição brasileira

Ilana Feldman

[1] Referência aos manuscritos clandestinos escritos por membros do *Sonderkommando*, grupo de prisioneiros judeus obrigados a extrair os cadáveres das câmeras de gás, transportá-los aos fornos crematórios e depois dispersar as cinzas. Testemunhos da "Solução Final" (o assassinato em massa dos judeus europeus nas câmeras de gás), esses documentos, também conhecidos como "Rouleaux d'Auschwitz", foram enterrados no solo de Auschwitz-Birkenau e encontrados após a guerra, nas proximidades dos crematórios. Redigidos em ídiche em 1944 por Zalmen Gradowski, Lejb Langfus e Zalmen Lewental (membros do *Sonderkommando* que não sobreviveram), os manuscritos foram traduzidos para o francês e publicados sob o título de "Des voix sous la cendre: manuscrits des *Sonderkommandos* d'Auschwitz-Birkenau", primeiramente na *Revue d'Histoire de la Shoah*, nº 171, 2001, e posteriormente na publicação homônima da editora Calmann-Lévy, 2005.

[2] *Arbeit macht frei* — literalmente, "O trabalho liberta" — era a inscrição que recebia os prisioneiros na entrada de vários campos de concentração, inclusive o de Auschwitz-Birkenau.

³ Em 19 de julho de 1937 é aberta na cidade de Munique, na Alemanha, a exposição que marca o ápice da campanha pública do regime nazista contra a arte moderna: a mostra internacional *Entartete Kunst* ["Arte Degenerada"]. Organizada por Adolf Ziegler, a exposição reúne cerca de 650 obras, entre pinturas, esculturas, desenhos, gravuras e livros provenientes de 32 museus alemães, consideradas artisticamente indesejáveis e moralmente prejudiciais ao povo pelo governo nacional-socialista alemão (1933-1945), liderado por Adolf Hitler.

Os nazistas classificavam como "degenerada" toda manifestação artística que insultasse o espírito alemão, fugisse aos padrões clássicos de beleza e representação naturalista (em que são valorizados a perfeição, a harmonia e o equilíbrio das figuras) ou apresentasse de modo evidente "falhas" de habilidade artístico-artesanal. Nesse sentido, a arte moderna, com sua liberdade formal de cunho fundamentalmente antinaturalista, era considerada em sua essência "degenerada".

Fazem parte da exposição de 1937 obras de Marc Chagall, Otto Dix, Lasar Segall, Wassily Kandinsky, Piet Mondrian, Henri Matisse, Pablo Picasso, Georges Braque, Paul Klee, Max Ernst, entre dezenas de outros artistas de algum modo vinculados ao Expressionismo alemão.

⁴ As borboletas de Eva Bulová (nascida em 12 de julho de 1930 na Tchecoslováquia e morta em 4 de outubro de 1944 em Auschwitz-Birkenau) fazem parte de uma coleção de 4 mil desenhos produzidos por crianças no campo de Theresienstadt, inicialmente um campo de "recolhimento e transferência" para os judeus da Boêmia-Morávia. De 1942 a 1944, 6.363 crianças menores de quinze anos foram deportadas de Theresienstadt para Auschwitz-Birkenau. Para a imensa maioria delas, esses desenhos, hoje em grande parte

conservados no Museu Judaico de Praga, constituem os últimos vestígios de suas existências.

[5] Neta de judeus poloneses mortos em Auschwitz, Annette Wieviorka é uma historiadora francesa, especializada na história do Holocausto. Escreveu diversos livros, entre eles *L'ère du témoin* [A era do testemunho] (Hachette, 2002) e *Déportation et génocide, entre le memoire et l'oubli* [Deportação e genocídio, entre memória e esquecimento] (Hachette, 2003). No Brasil, está publicado de sua autoria *Auschwitz explicado a minha filha* (Via Lettera, 2000).

Christian Boltanski é um artista plástico contemporâneo, nascido em 1944 na Paris recém-libertada da ocupação nazista, filho de um judeu de origem russa e de mãe parisiense. Trabalhando sobre o tema da memória, em uma poética de acúmulo e vestígios, por décadas os traumas do Holocausto moldaram seus trabalhos, em instalações que, com frequência, pendem para o fantasmagórico. Na mais dramática delas, "Personnes", o artista levou uma pilha imensa de roupas usadas ao suntuoso Grand Palais, em Paris. Debaixo do teto de ferro e vidro do museu, uma espécie de guindaste cavoucava os trapos, jogando-os de um lado para o outro. Segundo o artista, era uma alusão à massa de corpos transformados em resíduos industriais, como os corpos apodrecendo nas valas comuns dos campos de concentração.

Shoah é o mais paradigmático documentário já realizado sobre o Holocausto, ou Shoah, que em hebraico significa "catástrofe". Dirigido pelo jornalista e documentarista Claude Lanzmann e lançado em 1985 na França, o filme é resultado de doze anos de pesquisa em diversos países, tendo nove horas de duração e sendo composto quase que integralmente por testemunhos de sobreviventes (exceção feita aos depoimentos de carrascos nazistas, de poloneses moradores nas cercanias dos campos e das entrevistas com o historiador Raul

Hilberg e o diplomata Jean Karski). Em um gesto estético e político radical, em *Shoah* Lanzmann recusa a presença de imagens de arquivo, que, segundo ele, seriam redutores documentos do passado, passíveis de manipulação e refutação, para valorizar a palavra dos sobreviventes no presente da filmagem. Ganhador de diversos prêmios, *Shoah* foi lançado em DVD no Brasil pelo Instituto Moreira Salles em 2012.

[6] *Noite e neblina* (*Nuit et brouillard*) é um documentário francês de trinta minutos de duração, realizado por Alain Resnais em 1955, dez anos após o fim da Segunda Guerra Mundial. Resnais, um dos expoentes do cinema moderno (quatro anos depois, em 1959, ele dirigiria *Hiroshima, meu amor*), mistura nesse ensaio cinematográfico imagens coloridas de campos de concentração, captadas no presente das filmagens por meio de longos *travellings*, a imagens de arquivo em preto e branco, relativas ao horror da guerra, além de filmes nazistas de ficção. *Noite e neblina* contou com a colaboração do poeta e escritor francês Jean Cayrol, que havia sido prisioneiro político durante a guerra (por ter participado da resistência francesa) e cujo livro *Poèmes de la nuit et du brouillard* (1946) inspirou a realização do filme.

O título, *Noite e neblina* ("Nacht und Nebel", em alemão), é uma expressão que originalmente aparece na obra do compositor alemão Richard Wagner (na ópera *O ouro do Reno*), mas que em realidade faz referência ao decreto de 7 de dezembro de 1941 promulgado por Adolf Hitler, no qual este autorizava a detenção e deportação sumária, dispensadas de qualquer processo legal, de cidadãos supostamente envolvidos em atos hostis às forças alemãs nos países ocupados. Estima-se que mais de 5 mil franceses tenham sido deportados nessas condições de "noite e neblina" para campos de concentração e extermínio.

[7] O historiador Raul Hilberg (1926-2007), nascido na Áustria e radicado nos Estados Unidos, dedicou toda a vida à pesquisa e redação de seu livro *A destruição dos judeus europeus* (1961). Nessa obra seminal, um dos mais importantes estudos já feitos sobre o Holocausto, Hilberg destrincha minuciosamente a implementação e logística da máquina de morte nazista. Em 1.664 páginas, o historiador demonstra que a "Solução Final", isto é, o sistematizado genocídio judeu, foi produto de uma sociedade industrial, que mobilizou políticos, movimentos civis, juízes, jornalistas, empresários, engenheiros, médicos, burocratas, policiais e militares, a fim de conduzir um eficiente aparato de extermínio.

Além de ter influenciado várias gerações de pesquisadores, o método historiográfico de Hilberg também foi importante fonte de inspiração para a realização de *Shoah*, documentário de Claude Lanzmann, no qual é entrevistado. A edição brasileira de *A destruição dos judeus europeus*, que incorpora todas as atualizações feitas por Hilberg em vida, desde sua primeira publicação, foi publicada pela editora Amarilys em 2016.

[8] *Judenrampe*, literalmente, "rampa dos judeus". A partir de maio de 1944, com o afluxo crescente de judeus deportados originários da Hungria, uma linha ferroviária especial foi estendida da estação ferroviária fora do campo até o interior de Birkenau. Na *Judenrampe* — na realidade, uma grande plataforma de concreto com cerca de quinhentos metros de extensão e bastante iluminada à noite —, ocorriam os desembarques de prisioneiros e as "triagens". Estas separavam os considerados "aptos" ao trabalho forçado dos "inaptos". A maioria era conduzida diretamente às câmaras de gás (incluindo mulheres com bebês de colo, crianças, idosos) enquanto uma parcela menor era conduzida aos campos de trabalho forçado,

onde morreria de exaustão e doenças ou seria também, depois, assassinada nas câmaras de gás. Para se ter uma ideia do ritmo do extermínio, entre 15 de maio e 9 de julho de 1944 foram deportados para Auschwitz-Birkenau 435 mil judeus húngaros, sendo que 24 mil foram assassinados em um único dia.

O "funcionário nazista" a que o autor alude nesta passagem seria um dos responsáveis pelas fotografias que formam o *Álbum de Auschwitz* (ver nota 9), único documento visual produzido pelos próprios nazistas que sobreviveu à destruição deliberada das provas, levada a cabo em janeiro de 1945.

[9] Assim é designado o álbum com 56 páginas e 193 fotografias que retratam, sobretudo, a chegada e a "triagem" dos judeus deportados provenientes da Hungria no campo de Auschwitz-Birkenau, nos meses de maio e junho de 1944. O álbum foi encontrado em 1945 por uma sobrevivente de Auschwitz, Lili Jacob, no campo de concentração de Dora-Mittelbau, e doado em 1980 ao Museu do Holocausto Yad Vashem, em Jerusalém. Embora não traga nenhuma identificação de autoria, a realização das fotografias (cuja finalidade permanece ignorada) é hoje atribuída a dois guardas da SS, Ernst Hofmann e Bernhard Walter.

[10] A Topf und Söhne, empresa de engenharia fundada em 1878, em Erfurt, Alemanha, foi a principal fabricante e fornecedora de fornos crematórios para o regime nazista. Seus engenheiros chegavam a se reunir com membros da SS, nos campos, para cronometrar o tempo de queima dos corpos e estudar maneiras de acelerar o processo.

[11] O autor se refere ao ensaio "Images malgré tout" — "Imagens apesar de tudo" —, redigido entre janeiro e junho de 2000, e

publicado em janeiro de 2001 como parte do catálogo da exposição fotográfica "Memóire des camps: photographies des camps de concentration et d'extermination nazis (1933-1999)", organizado por Clément Chéroux (Paris, Marval, 2001). Esse ensaio foi republicado no volume homônimo *Images malgré tout* (Paris, Minuit, 2003), acrescido de uma segunda parte, "Malgré l'image toute".

[12] Uma semana após a abertura da exposição "Memóire des camps: photographies des camps de concentration et d'extermination nazis (1933-1999)", realizada no Hôtel de Sully em Paris, entre 12 de janeiro e 25 de março de 2001, sob a curadoria de Pierre Bonhomme e Clément Chéroux, o realizador do documentário *Shoah* (1985), Claude Lanzmann, concede uma entrevista ao jornal *Le Monde*, na qual critica enfaticamente o projeto da exposição e recusa a exibição pública de imagens de arquivo do Holocausto, fazendo sérias ressalvas aos textos contidos no catálogo, entre eles o de Georges Didi-Huberman. Posteriormente, o debate é abrigado e desenvolvido nas páginas da revista *Les Temps Modernes*, editada pelo próprio Lanzmann, sendo protagonizado pelo psicanalista Gerárd Wajcman e por Elisabeth Pagnoux. É em resposta a essa polêmica que, dois anos depois, Georges Didi-Huberman publica seu livro *Images malgré tout* (2003), no qual discorre sobre o aspecto fenomenológico das quatro fotografias capturadas por um membro do *Sonderkommando* em agosto de 1944 no campo de Auschwitz-Birkenau. Nessa obra, Didi-Huberman defende que, embora sejam vestígios incompletos, essas imagens são os únicos "testemunhos visuais" do genocídio e que, por isso, devem ser compreendidas a partir de suas precárias e perigosas condições de produção. Em uma situação em que a testemunha sabia que não sobreviveria, essas imagens — mais do que documentos informativos ou provas de verdade — constituem um ato coletivo, um gesto de resistência à lógica

fatal do universo concentracionário e uma tentativa de transmitir ao mundo a "inimaginável" realidade do extermínio.

[13] Após a publicação de *Images malgré tout*, o "autor" das imagens, até então conhecido como Alex, foi identificado, segundo todas as probabilidades, como Alberto Errera, judeu grego nascido em 15 de janeiro de 1913, em Larissa, e membro ativo da resistência grega. Capturado em 24 ou 25 de março de 1944, foi deportado para Auschwitz-Birkenau em 9 de abril e selecionado como membro do *Sonderkommando* do crematório V para exercer a função de "chauffeur", isto é, trabalhador nos fornos crematórios. Errera desempenhará um papel decisivo na preparação do levante dos prisioneiros, que acontece em outubro de 1944. O Levante, bem como a captura das quatro fotografias, é encenado no filme *O filho de Saul*, primeiro longa-metragem do realizador húngaro László Nemes, ganhador do Grande Prêmio do Júri no Festival de Cannes em 2015 e do Oscar de Melhor Filme Estrangeiro em 2016. Admirador do filme, Georges Didi-Huberman escreve uma carta ao realizador, publicada sob o título de *Sortir du noir* (Paris, Minuit, 2015), na qual elogia o filme por retirar aquele agosto de 1944 da escuridão, do "buraco negro" que significaria a suposta impossibilidade de representação da Shoah.

[14] Todos são membros do *Sonderkommando* de Birkenau. David Szmulewski foi o único sobrevivente do episódio da tomada das fotografias em agosto de 1944, tendo dado seu testemunho a Jean-Claude Pressac em 1987. Seu depoimento está publicado no livro *Auschwitz: Technique and Operation of the Gas Chambers*, de Pressac (Paris, The Beate Klarsfeld Foundation, 1989). Zalmen Gradowski, Lejb Langfus e Zalmen Lewental não sobreviveram, mas seus manuscritos, conhecidos como "Les Rouleaux d'Auschwitz" ou "Ma-

nuscritos do *Sonderkommando*", foram encontrados enterrados perto dos crematórios e hoje estão publicados no volume *Des voix sous la cendre: manuscrits des* Sonderkommandos *d'Auschwitz-Birkenau* (Paris, Calmann-Lévy, 2005). Yakov Gabbay foi um membro do *Sonderkommando* cujo testemunho, recolhido por Gideon Greif, também está publicado no volume *Des voix sous la cendre*. Filip Müller foi um raro integrante do *Sonderkommando* que sobreviveu a cinco tentativas de execução sucessivas. Em 1979, Müller publicou seu testemunho em *Trois ans dans une chambre à gaz d'Auschwitz* (Paris, Pygmalion, 1980), onde reúne provas sobre o funcionamento das câmeras de gás. Müller, falecido em 2013, é também um dos sobreviventes entrevistado por Claude Lanzmann no filme *Shoah*.

[15] O autor faz referência a uma discussão presente em *Images malgré tout* a respeito da folha de contato das quatro fotografias, cujo negativo se perdeu. Clément Chéroux, ao estudar a folha de contato original, percebeu uma borda em uma das tomadas, um resto de imagem. Nesse "resto" se pode reconhecer um tronco de árvore e folhagens, visíveis na tomada subsequente. Chéroux deduziu então que seria preciso inverter a ordem das sequências — o que significa que o fotógrafo clandestino havia primeiro capturado as vistas exteriores, entre as árvores, para depois voltar à câmera de gás e de lá fotografar as fossas de incineração. Já Georges Didi-Huberman opta por manter a cronologia sugerida por Jean-Claude Pressac a partir do testemunho de David Szmulewski. Porém, manter a cronologia do testemunho significa que a folha de contato das imagens foi realizada pelo Museu de Auschwitz a partir do negativo invertido, o que seria um descuido banal, mas revela a própria "margem de indeterminação" a que toda investigação se confronta diante dos "vestígios da história".

[16] *Royal Air Force* é a força aérea britânica. As imagens em questão são fotografias tiradas por um avião de reconhecimento em 23 de agosto de 1944, às 11 horas da manhã, e mostram prisioneiros em fila e fornos crematórios de Auschwitz em plena atividade. Elas só vieram a público em janeiro de 2004.

[17] O primeiro dos campos de extermínio nazista, o campo de Chelmno começou a operar em 8 de dezembro de 1941 e foi local de desenvolvimento das experiências de assassinato em massa do regime; situa-se a 50 km da cidade de Lodz, na área polonesa anexada pela Alemanha em 1939.

[18] A partir de abril de 1944, uma vasta operação de extermínio dos judeus húngaros foi implementada. Dos mais de um milhão de judeus assassinados em Auschwitz-Birkenau entre a primavera de 1942 e o outono de 1944, 435 mil são húngaros. Com a aniquilação de metade da população judia da Hungria nas câmaras de gás, num período de praticamente dois meses, o Zyklon B, pesticida letal usado para a asfixia em massa, começa a faltar. Em agosto de 1944, os judeus deportados considerados "inaptos" (aqueles selecionados para a morte imediata) são enviados para os fossos de incineração do crematório V, isto é, são queimados vivos. É em tal circunstância demencial que se dá o episódio da tomada das quatro fotografias e a organização, por 450 membros do *Sonderkommando*, do Levante de outubro de 1944, que será massacrado.

[19] Kanada — em alusão ao Canadá, tido como terra da abundância — era o nome de uma área do campo onde todos os bens dos prisioneiros recém-chegados eram apreendidos, classificados e acumulados.

[20] A tradução das citações de Walter Benjamin baseia-se na versão francesa utilizada por Georges Didi-Huberman. Para efeitos de comparação, eis as mesmas passagens na tradução de João Barrento, realizada do alemão e publicada no Brasil em *Imagens do pensamento* (Belo Horizonte, Autêntica, 2015): A) "Quem procura aproximar-se do seu próprio passado soterrado tem de se comportar como um homem que escava. Fundamental é que ele não receie regressar repetidas vezes à mesma matéria [*Sachverhalt*] — espalhá-la, tal como se espalha a terra, revolvê-la, tal como se revolve o solo." B) "as imagens que, arrancadas de todos os seus contextos anteriores, estão agora expostas, como preciosidades, nos aposentos sóbrios da nossa visão posterior — como torsos na galeria do colecionador." C) "Assim, o trabalho da verdadeira recordação [*Erinnerung*] deve ser menos o de um relatório, e mais o da indicação exata do lugar onde o investigador se apoderou dessas recordações. Por isso, a verdadeira recordação é rigorosamente épica e rapsódica, deve dar ao mesmo tempo uma imagem daquele que se recorda, do mesmo modo que um bom relatório arqueológico não tem apenas de mencionar os estratos em que foram encontrados os achados, mas sobretudo os outros, aqueles pelos quais o trabalho teve de passar antes."

Alguns pedaços de película,
alguns gestos políticos

Entrevista de Georges Didi-Huberman
a Ilana Feldman

Nesta entrevista, realizada por escrito entre final de setembro e início de outubro de 2017, o autor preferiu reunir algumas perguntas enviadas para desenvolver suas respostas mais livremente.

ILANA FELDMAN — *Cascas é um texto singular em sua trajetória. Misto de ensaio, relato de viagem e narrativa biográfica, poético e filosófico, claro e denso, ele também pode ser lido como uma carta. Carta às gerações futuras, mas começando por seu filho. Logo no início, ao olhar para os três pedaços de casca de árvore coletados em sua ida a Auschwitz-Birkenau, você se pergunta: "Eu morto, o que pensará meu filho quando topar com esses resíduos?". De todos os seus ensaios, não seria* Cascas *aquele que, partindo de sua própria finitude e problematizando os modos de construção da memória, estaria mais preocupado com a questão da transmissão?*

A ancoragem autobiográfica do texto, pouco frequente em sua obra, evidentemente chama atenção. É muito tocante a forma como você, por meio de um trabalho de montagem de fragmentos, traça um fio do desejo de futuro (o filho e as próximas gerações) a um passado em lascas, despedaçado (seus avós, entre tantos outros milhões, assassinados ali mesmo em Auschwitz), que é preciso escavar. No caminho, você se coloca em cena, pontuando discretamente a "sensação dolorosa", o "aperto no coração" e o "abatimento particular" que essa travessia lhe causa, expresso por seu modo de andar com a cabeça mais baixa do que o habitual, olhando para as "coisas chãs". Poucos anos depois da escrita de Cascas, *porém, você inicia seu livro* Peuples en larmes, peuples en armes *[Povos em lágrimas, povos em armas] (Minuit, 2015) com a seguinte epígrafe de Gilles Deleuze: "A emoção não diz eu. Estamos fora de si [...]". Como você pensa as escritas de si e a inflação do autobiográfico hoje? Haveria alguma medida, uma distância justa, para a expressão do "eu"?*

GEORGES DIDI-HUBERMAN — Todo livro é singular, sem dúvida. O autor inclusive teria tendência, em geral, a exagerar a singularidade de cada um de seus textos. De maneira que a verdadeira singularidade em grande parte lhe escapa. *Cascas*, nesse sentido, tanto repete quanto inova em meu itinerário de escrita. O fato de ser um livro breve não é, em si, uma singularidade: há muito tempo julgo necessário diversificar tanto as formas como os ritmos de meus livros. Há, de um lado, longas pesquisas em temporadas que supõem uma obstinação e uma paciência de longa duração, como nas séries de livros sobre o tema da "ninfa", sobre o "olho da história" em seis volumes, ou ainda sobre os "levantes", que é um projeto em curso.[1] Por outro lado, a impaciência de um texto breve não raro surge como necessária, liberadora, como quando enveredamos, a partir da longa estrada de nossos "projetos", por um caminho transversal inesperado, que é o indicador mais imediato de nossos "desejos", ainda que inconscientes. Dar-se, *oferecer-se o tempo* de subitamente bifurcar, abandonar provisoriamente toda ideia de "projeto", eis um aspecto essencial, a meu ver, da liberdade de escrever e pensar.

---

[1] O autor faz referência às obras: *Ninfa moderna. Essai sur le drapé tombé* (2002), *Ninfa fluida. Essai sur le drapé-désir* (2015) e *Ninfa profunda. Essai sur le drapé-tourmente* (2017); à série *L'oeil de l'histoire* [O olho da história], que, até o momento, compreende seis tomos, *Quand les images prennent position* (2009), *Remontages du temps subi* (2010), *Atlas ou le gai savoir inquiet* (2011), *Peuples exposés, peuples figurants* (2012), *Passés cités par JLG* (2015) e *Peuples en larmes, peuples en armes* (2016); e ao tema dos "Levantes" (*Soulèvements*), no qual se inclui a exposição homônima que abriu em Paris, em 2016, e chegou a São Paulo em 2017.

Você aponta a "ancoragem autobiográfica" desse pequeno texto e diz que é "pouco frequente" em mim... Você tem razão num plano de leitura explícito — é, com efeito, um texto em que o "eu" é assumido como tal — mas, na realidade, cada parcela do meu trabalho é movida, seja por um desvio ou uma razão direta, por um motivo de experiência ou uma "ancoragem autobiográfica". E isso pela simples razão de que, ao escolher um domínio de pesquisa, confrontamo-nos com alguma coisa que, na vida íntima, fatalmente nos tocou. Foi o caso, por exemplo, do meu primeiro livro sobre o hospital de La Salpêtrière: a ancoragem estava presente, evidente aos meus olhos — embora camuflada aos do leitor —, e era a de uma experiência vivida anteriormente no espaço hospitalar. Há, contudo, em *Cascas*, duas dimensões autobiográficas efetivamente mais "singulares": é o lugar do *eu* e o do *judeu*. O *eu* é assumido na medida em que esse texto é o relato de uma experiência. Isso no triplo sentido das palavras alemãs *Erfahrung* ou *Erlebnis*, "experiência vivida"; *Experiment*, "experimentação"; e, por fim, *Erkenntnis*, "experiência adquirida, conhecimento"...

O lugar do *judeu* é mais problemático. Até *Cascas*, não creio ter assumido jamais minha posição intelectual e pública a partir de minha condição de judeu. Esta, inclusive, é uma das benesses da condição laica do debate intelectual na França: não precisei declinar a religião de meus pais — como se diz em francês, embora o judaísmo prefira dizer "a religião de minhas mães" — para ter toda a legitimidade para falar sobre a teologia negativa em Pseudo-Dionísio Areopagita ou sobre a iconografia crística em Fra Angelico. O lugar do judeu me foi atribuído polêmica e negativamente — enquanto "mau judeu" ou trânsfuga — por outros "judeus públicos", Claude Lanzmann e Gérard Wajcman, no âmbito dos acalorados debates que aconteceram, em 2001, em torno de *Images malgré tout* [Imagens apesar de tudo]. Em suma, nunca designei a mim mesmo, na esfera pública e intelectual, como judeu: foram antes outros judeus que me acusaram de ser uma espécie de renegado. Tornei-me assim, à minha revelia, um "judeu não judeu" aos olhos de alguns, um "judeu público", de toda forma. Isso me obrigava, de certo modo, a me situar no judaísmo francês, o que não é nada fácil, e sem dúvida continuará a me compelir a tomar posição, aqui ou ali.

É uma posição difícil de construir. Principalmente em virtude da referência que você faz a essa magnífica frase de Deleuze: "A emoção não diz eu...". Pois, quando você percorre o sítio de Birkenau, é evidente que a dimensão do *judeu* e a do *eu* encontram-se em alguma coisa que é, obviamente, uma emoção. A posição é difícil de construir porque ela não deve afirmar nada sob o ângulo de uma "eleição" qualquer: isso parece constituir a própria base de uma ética do escritor com relação a seu leitor. Ninguém é "eleito" para qualquer destino que seja. Logo, ninguém é "eleito" porque tem um diploma de filosofia, porque escreve, porque é judeu ou por outra razão qualquer. Cabe a nós, e não a alguma instância superior ou abstrata, eleger, isto é, designar, escolher, amar. Logo: nem *judeu* como povo eleito, nem *eu* como sujeito superior. A dificuldade: assumir ainda assim uma subjetividade e uma história sem colocar seu próprio *eu* ou sua própria genealogia no centro de tudo. O caminho para chegar lá: abrir os olhos para os outros, para o mundo em volta, empiricamente, atentamente, modestamente. Confiar na imaginação. Dialetizar seu olhar. Observar os arames farpados de Auschwitz com as ramagens das árvores, as chaminés com as águas adormecidas. Depois escrever como tudo isso pode ser visto em conjunto.

ILANA FELDMAN — *Como não poderia deixar de ser,* Cascas *é atravessado por uma dor, por uma emoção, por uma forma de ser afetado pela superfície mesma daquilo que resta. Em uma conferência destinada aos jovens a partir dos dez anos de idade, intitulada* Que emoção! Que emoção? *(Bayard, 2013; Editora 34, 2016), você defende que, ao contrário de certa tradição filosófica que sempre privilegiou o* logos, *o domínio da razão, é o* páthos, *ou o domínio da emoção, aquilo que põe o corpo em movimento, sendo uma abertura efetiva a um tipo de conhecimento sensível e de transformação ativa de nosso mundo. De que modo essa perspectiva foi decisiva para o seu método de traba-*

lho com as imagens e com a história da arte? E, em sua vida, teria sido essa dor — que talvez possamos chamar de uma dor fundamentalmente judaica — um estímulo à travessia dos impasses do pensamento e de nossa capacidade de entendimento?

"Para saber é preciso imaginar", você insiste tantas vezes diante da tentativa de compreensão das precárias e perigosas condições de produção das quatro imagens capturadas clandestinamente por um membro do Sonderkommando, *no crematório V de Auschwitz-Birkenau, em agosto de 1944. De acordo com sua tese desenvolvida em* Images malgré tout *(Minuit, 2003) e retomada em* Cascas, *as quatro fotografias — os únicos testemunhos visuais do genocídio produzidos pelos próprios prisioneiros —, por mais lacunares, parciais e incompletas que sejam, "se dirigem ao inimaginável e o refutam". Diante da rampa de triagem em Birkenau, onde os inaptos (sobretudo mulheres, crianças e idosos) eram enviados diretamente às câmeras de gás, você mesmo teria dito, como descreve em* Cascas: *"Isto é inimaginável". Para acrescentar depois, "logo devo imaginá-lo apesar de tudo". O que haveria de extremamente problemático e mesmo ambivalente na defesa, por parte de tantos teóricos e artistas, de Auschwitz como um evento "inimaginável", "indizível" e "impensável"?*

GEORGES DIDI-HUBERMAN — "Uma dor fundamentalmente judaica", você diz. Sim... Sim e não. Sim, subjetiva e genealogicamente, isso é verdadeiro no que se refe à minha história familiar. Mas também devo lhe responder: não. Não, porque uma história familiar — até mesmo uma história estendida ao âmbito de um grupo religioso, por exemplo — nunca diz nem a última palavra da história nem a última palavra da dor. Não possuímos a dor, é ela que nos possui. Cada vez mais sou mais investigador, e não militante de uma causa à qual se resumiria toda a minha identidade; eis por que pude trabalhar, eventualmente, sobre os campos de internação dos Republicanos espanhóis na França ou sobre o destino dado aos refugiados na Europa de hoje. O que é chamado de "vitimização", "dever de memória", e que é objeto de tanto abuso, consiste em fazer da dor uma obrigação, uma palavra de ordem, um capital psíquico, um fundo de investimento político ou sei lá mais o quê. Esta é, aliás, uma maneira corriqueira de desvalorizar a dor dos outros. Ora, a dor não se qualifica. A dor não se troca por nenhuma outra coisa. É nisso que ela é "inestimável", ou seja, em certo sentido, sagrada. Quando visito Birkenau, a dor daqueles que morreram ali e, por conseguinte, minha emoção presente são "fundamentalmente judaicas", sem dúvida alguma. Mas nada me autoriza a achar que eu teria um direito ou privilégio qualquer sobre essa dor, mesmo meus avós tendo morrido em Birkenau. Considerar-me dono dessa dor seria abjeto e humilhante para todas as outras dores do mundo. Julgar possuir o que herdei psiquicamente seria ignóbil: uma atitude de *parvenu* [arrivista], como teria dito Hannah Arendt. Identificar-me com essa dor seria, além de abusivo e errado, narcísico.

E então? Pois bem, é suficiente — porém um trabalho imenso — fazer da dor, e, logo, da história e das emoções que a acompanham, nossos bens comuns: nossos objetos de pensamento para troca, e não nossa reserva de caça. Inversamente, cumpre desconfiar da desconfiança sistemática de que a emoção é objeto em inúmeros intelectuais no Ocidente. Quando vejo Hal Foster, um crítico de arte norte-americano bastante respeitável por sinal, afirmar na revista *Artforum International*: "Quando ouço a palavra *afeto*, saco meu Taser" ("*When I hear the word affect, I reach for my Taser*")...[2] fico simplesmente consternado. Ele pensa, numa lição mal digerida das *Mitologias* de Roland Barthes, que a emoção ou o afeto impediriam todo pensamento crítico. Pensa que um afeto não passa de ideologia gesticulada. Crê, sem dúvida — com uma paródia de Goebbels, além do mais! — exprimir um ponto de vista brechtiano: distanciamento *versus* emoção. Ora, é um erro filosófico profundo — sintoma de um ponto de vista estreitamente racionalista e moralizador — opor o *páthos* ao *logos*, de um lado,

---

[2] Taser: arma de eletrochoque utilizada pela polícia norte-americana para imobilizar momentaneamente uma pessoa, por meio de descarga elétrica de alta tensão.

e o *páthos* à *práxis*, de outro. Sem sequer mencionar Nietzsche ou Freud, podemos lembrar que Brecht nunca disse nada contra a emoção (a qual, justamente, não devemos confundir com a identificação, objeto real de sua crítica através da noção de distanciamento).

Você tem razão ao falar em "conhecimento sensível" e perpétua "transformação ativa", quando não do próprio mundo, em todo caso do nosso olhar e do nosso pensamento. Este é todo o desafio de uma abordagem filosófica que recusa separar, de maneira cortante, o mundo sensível de um lado — considerado na tradição platônica, ainda bastante viva nos dias hoje, como ilegítimo, marcado pela ilusão e pelo puro desconhecimento — e, do outro, o mundo inteligível. Eis por que, em toda simplicidade aristotélica, pude começar *Images malgré tout* com a proposição "Para saber é preciso imaginar" ["Pour savoir il faut s'imaginer"] (lembro — uma vez que me exprimo em francês e que estas palavras serão vertidas para uma língua que não pratico — que em francês se diz "je *m*'imagine quelque chose" ["eu *me* imagino alguma coisa"] como equivalente de "j'imagine quelque chose" ["eu imagino alguma coisa"], salvo que a língua francesa tem o mérito, na expressão "s'imaginer" ["imaginar-se"], de incluir o sujeito falante e imaginante em sua própria operação de conhecimento sensível).

A imagem é um *ponto sensível* exemplar da história, do pensamento, do conhecimento, até mesmo da ação política. A imagem é o lugar onde tudo é possível, tanto o pior como o melhor, e que devemos atravessar num momento ou noutro. Ao descobrir um espaço de dor como Birkenau, só me restou dizer comigo mesmo, espontaneamente, o que tantos outros antes de mim também disseram: "É inimaginável". O inimaginável corresponde aqui à *experiência vivida* de um encontro com tal espaço, desmesurado, de dor. O que critiquei filosoficamente é que o inimaginável tenha se tornado um dogma para a *experiência concebida*. Gravar no mármore que a Shoah é inimaginável é, de certa forma, realizar o próprio anseio dos idealizadores da "Solução Final", que a queria, com efeito, inimaginável, impensável e invisível aos olhos do mundo circundante (infelizmente, isso funcionou muito bem, a despeito das informações devastadoras que circulavam desde a Polônia).

Mas sublinho, para o pior e o melhor...

ILANA FELDMAN — *Algumas das passagens mais fortes de* Cascas *são aquelas em que você faz uma crítica contundente a Auschwitz como museu de Estado e "lugar de memória". Exemplificando de diversas maneiras, a partir das decisões "curatoriais" da instituição, de que modo Auschwitz como* Lager, *"lugar de barbárie", foi transformado em "lugar de cultura", você se pergunta, perplexo, diante dos galpões de um campo de extermínio transformados em "pavilhões nacionais", como ocorre em Bienais de arte: "Mas o*

97

que dizer quando Auschwitz deve ser esquecido em seu próprio lugar, para constituir-se como um lugar fictício destinado a lembrar Auschwitz?". Sabendo que o projeto nazista era fazer desaparecer todos os arquivos, isto é, fazer desaparecer a própria desaparição, essa crítica é, na verdade, a formulação de um paradoxo terrível. Se, "no auge do triunfo do espetáculo, espera-se um espetáculo que não mais simule", como já diagnosticou o crítico Jean-Louis Comolli,[3] *por outro lado, para suportarmos um real traumático, parece que precisamos, a todo custo, de um simulacro. Em sua opinião, como pensar uma educação após-Auschwitz que não simplifique, manipule ou edulcore a história a fim de "melhor transmitir"? E você acredita que o museu de Auschwitz seja um caso único de pedagogia ambígua ou também perceberia esse problema em outros "lugares de memória" dedicados às vítimas da violência de Estado?*

GEORGES DIDI-HUBERMAN — Não, não creio em absoluto que Auschwitz seja um caso único. O que você chama "pedagogia ambígua", aliás, encontra-se em toda parte. Lembro-me, por exemplo, que pouco tempo antes da reunificação da Alemanha, um grupo de judeus norte-americanos havia formado um mecenato para a restauração da sinagoga da *Oranienburgstrasse*, em Berlim:

---

[3] Ver, de Jean-Louis Comolli, o ensaio "Cinema contra espetáculo", em Catálogo "forumdoc.bh.2001" do 5º Festival do Filme Documentário e Etnográfico (Belo Horizonte, novembro de 2001).

em poucos meses, a cúpula estava flamejante, nova, toda dourada, enquanto todo o resto da rua ainda exibia as fachadas encardidas dos prédios incendiados durante a tomada de Berlim pelo Exército Vermelho. Essa louvável iniciativa de memória tornava-se então pura arrogância e, mais que isso, a melhor incitação possível ao antissemitismo. Lembro-me também que, durante uma viagem à Cidade do México em 2007, falaram-me sobre o projeto de um museu pedagógico onde, logo na entrada, o espectador devia confrontar-se com um "autêntico vagão de Auschwitz" — pode imaginar? comprar um vagão de animais na Polônia e fazê-lo chegar à Cidade do México? —, e onde, por contraste, no fim do percurso, estava previsto um cubículo para os próprios dramas mexicanos... É então que a Shoah vira um álibi, um biombo, uma caução alardeada com maior ou menor honestidade. Além disso, conheci as duas versões do memorial de Yad Vashem em Jerusalém, onde a constituição — evidentemente crucial e necessária — de uma pedagogia da Shoah cruza o tempo todo com as questões políticas da mitologia nacionalista israelense, por exemplo, na relação estabelecida, fortemente contestada por Marek Edelman, entre o suicídio coletivo de Massada, o levante do gueto de Varsóvia e a fundação do Estado de Israel.

Em contrapartida, visitei "lugares de memória" extremamente rigorosos, como o subsolo do Memorial dos judeus assassinados de Berlim, a que me refiro brevemente em *Cascas*, creio, ou o sítio do campo de Buchenwald, cujo diretor é historiador e psicanalista, o que contribui bastante na elaboração de uma problemática da memória pública. Pois o problema de fato é o seguinte: as pedagogias são "ambíguas" quando se fixam exclusivamente em seu objeto — a Shoah, por exemplo — e o transformam em alguma coisa como um fetiche, tornando-se então incapazes de elaborar uma atitude mais móvel e *problemática* perante a história. A pedagogia da história é, antes de mais nada, compreender que uma coisa *passou* e no entanto *não passa* (isto é, continua travada em nossas gargantas e a atuar em nossos espíritos). É aprender a saber o que é o *passado*, como *isso passou* e em que medida *se passou em nós* e aí ficou travado. Para isso é preciso aprender a olhar os vestígios, a ler os arquivos, a escavar o solo do tempo. É preciso aprender o que é um fragmento de filme 6 x 6 em preto e branco, em vez de julgar facilitar o acesso à história colorizando-o açodadamente para "torná-lo mais vivo".

A relação a ser estabelecida entre cultura e barbárie passa fatalmente por essa política da memória, que, ao mesmo tempo — se tivermos lido um pouco de Freud —, só pode ser uma política do desejo, isto é, de nossos horizontes de expectativa ou de esperança. Você diz que "o projeto nazista era fazer desaparecer todos os arquivos", mas também conhece o projeto nazista de fazer do gueto de Praga um museu etnográfico do povo judeu, uma vez que ele não existiria mais... Toda história trabalha sempre sobre dois quadros ao mesmo tempo. No que concerne à problemática contemporânea que você aborda através de sua citação de Comolli [sobre como suportar um real traumático], eu não me exprimiria, de minha parte, em termos de "simulacro", que me parece ter conotações demasiado negativas. Eu diria simplesmente que o objeto de uma *poética* das imagens é praticamente o mesmo que o de uma *pedagogia* (os dois, aliás, eram claramente associados por Brecht, Benjamin ou Eisenstein). Isso não quer dizer que as obras de arte devem nos dar lições de moral, claro. Quer dizer que uma imagem, seja qual for, *deveria*, assim como todo texto, saber *rasgar o clichê* já formado pela fetichização da memória. O que é preciso, a cada vez, é lançar novamente os dados e fazer novas perguntas.

ILANA FELDMAN — *Após a intensa polêmica que teve como resultado a edição de* Images malgré tout *em 2003 e, posteriormente, a publicação de* Cascas *em 2011, você e Claude Lanzmann acabaram por chegar a um consenso na época do lançamento do filme* O filho de Saul *em 2015. Em seu primeiro longa-metragem de ficção, o realizador húngaro László Nemes encena, pela primeira vez na história do cinema, o episódio da tomada das quatro fotografias por um membro do* Sonderkommando *em Auschwitz-Birkenau, em agosto de 1944, assim como o Levante ocorrido em outubro do mesmo ano, quando 450 resistentes, então articulados à resistência polonesa, foram massacrados. Em sua carta ao realizador, publicada sob o título de* Sortir du noir *[Sair do escuro] (Minuit, 2015), você escreve que Nemes retira aquele agosto de 1944 da escuridão e da mais pura negatividade e abstração, isto é, do "buraco negro" que orienta a dita impossibilidade de representação da Shoah. No filme, também definido por você como um "conto alegórico", Saul, membro do* Sonderkommando, *elege como filho um garoto morto e tenta desesperadamente lhe dar um enterro, em meio a todo o cotidiano insano do extermínio. Acredito que seja o reconhecimento do filho (símbolo de continuidade e transcendência, ainda que morto) e o desejo de enterrá-lo (salvando-o da anulação extrema) aquilo que permite a Saul, a partir de um sobressalto de imaginação, se reinscrever na história para, de algum modo, "sobreviver". Algumas críticas, no entanto, leram o filme na chave da "mitificação" (fazendo um paralelo com* Antígona) *ou na chave de uma "solução individual", já que, de certo modo, a obsessão de Saul poria em risco a preparação coletiva do Levante de outubro de 1944. Como você leria o filme nessa tensão entre o psíquico e o político, entre o gesto individual e os atos coletivos?*

GEORGES DIDI-HUBERMAN — "Vocês acabaram por chegar a um consenso..." Isso não seria um pouco precipitado de sua parte? Consenso... mas sobre o quê, exatamente? Eu não saberia lhe dizer. Claude Lanzmann mur-

murou uma opinião condescendente sobre o filme de Nemes, e melhor assim. Tentei, de minha parte, escrever simplesmente as poucas impressões que o filme suscitou em mim, ao mesmo tempo evitando a expectativa midiática que queria aproveitar esse filme para criar uma nova polêmica, do tipo "imagens" (de Nemes, em cores, sem definição, terrivelmente vividas etc.) "apesar de tudo" (apesar da irrepresentabilidade do tema). Não vou responder efetivamente à sua pergunta, pois, para fazê-lo, seria preciso introduzir duas novas peças nesse processo: de um lado, o livro de Alain Fleischer, *Retour au noir*,[4] que pretende reacender a polêmica; de outro, minha resposta a esse livro, que endereçei a Alain — um amigo de trinta anos —, mas que não desejo publicar isoladamente. O que me impressionou, nesse novo episódio polêmico, é que muitos de seus aspectos repetem, de maneira sem dúvida inconsciente, os motivos da polêmica anterior: vontade de dizer o que é permitido e o que é proibido, de distinguir o que é "judeu" do que é "falsamente judeu", obsessão pela imagem-tela[5] etc.

Para voltar ao que você disse sobre o filme em si, concordo com a ideia de que há no personagem de Saul um "sobressalto de imaginação", que tem fundamental-

---

[4] Publicado pela Léo Scheer, de Paris, em novembro de 2016.

[5] O autor faz referência à obsessão pela suposta verdade que a "imagem-tela" (*image-écran*) esconderia.

mente a ver com a questão da *sobrevivência*. Você também sabe que essa noção é complexa, e, acima de tudo, que deve distinguir-se da *sobrevida* como tal. O gesto de Saul é um gesto de sobrevivência (*Nachleben, after-life*) e não um gesto de sobrevida (*Überleben, survival*). O aspecto individual desse gesto nem por isso deixa de dirigir-se ao horizonte de uma comunidade, mas esta — ao contrário do que se passa no grupo dos Resistentes — não é pensada com viva ou atuante, sendo inteiramente gerada por um espaço de luto, da memória dos mortos. Mas a história contada nesse filme é tão inverossímil, tanto no geral como em cada um de seus detalhes, que não pude ver nele, de minha parte, senão uma parábola hassídica, uma ficção alegórica, ou mesmo uma exegese bíblica (sobre a questão do filho real e do "filho" herdeiro de Saul tal como relatado no primeiro *Livro de Samuel*, XVI-XXXI).

ILANA FELDMAN — Images malgré tout *me parece um livro fundamental em sua obra, e também um ponto de virada, por trazer à tona questões com as quais você já havia trabalhado, como o conceito de "sobrevivência" das imagens, e questões que ainda estariam por vir, como a ideia do "levante". Nesse sentido, a análise fenomenológica das quatro fotografias opera uma passagem daquilo que seria da ordem de uma "inscrição sobrevivente" para um trabalho de "resistência" e "sublevação". Em* Cascas *você escreve que, "ao se posicionar dentro da câmara de gás, justamente onde os SS o obrigavam, dia após dia, a descarregar os cadáveres das vítimas recém-assassinadas, ele [o fotógrafo clandestino] transformou, por alguns raros segundos roubados à atenção de seus guardiões, o* trabalho servil, *seu trabalho de escravo de inferno, num verdadeiro* trabalho de resistência". *Sendo assim, você se pergunta, esse ato de testemunho não deveria ser compreendido como um minúsculo deslocamento do "trabalho de morte" em "trabalho de olhar"? Tendo isso em vista, de que modo essas quatro fotografias clandestinas e sobreviventes — simplificadas e reenquadradas pelo Museu de Auschwitz-Birkenau, negadas por Claude Lanzmann no documentário* Shoah, *reencenadas por László Nemes em* O filho de Saul *e problematizadas por você em* Images malgré tout *e* Cascas *— poderiam ser consideradas uma espécie de gênese de seu trabalho de curadoria da exposição* Levantes [Soulèvements], *que abriu na França em 2016 e chega ao Brasil em 2017?*

GEORGES DIDI-HUBERMAN — Sim, um ponto de virada... sem dúvida alguma. E inclusive, muitas viradas. Em primeiro lugar, todo judeu acredita espontaneamente saber tudo da Shoah, como se a carregasse "inteira" dentro de si. É uma ilusão, claro. Enfrentar esse assunto com certa precisão volta a nos perturbar e nos transforma para sempre. Além disso, foi uma virada no plano dessa polêmica que, pelo menos no início, me pegou completamente de surpresa, me desestabilizando e mesmo derrubando. Mas essa provação não passava da consequência de um movimento que eu mesmo deslanchara: poderíamos dizer que, nessa querela, "fui eu que comecei", como dizem as crianças que se provocam no pátio do recreio. Fui eu que comecei a questionar o dogma tão compartilhado do inimaginável. Portanto, não sofri uma violência gratuita, simplesmente recebi a violência de uma reação que, sem dúvida, era proporcional ao meu próprio gesto "sacrílego". Isso me ensinou uma coisa fundamental, ou melhor, isso esclareceu alguma coisa que eu só sabia intuitivamente: ou seja, que a maneira como você olha, descreve e compreende uma imagem é, no fim das contas, um gesto político.

Se as quatro imagens de Auschwitz-Birkenau são os vestígios "sobreviventes" de certo estado da maquinaria de morte nazista e, por outro lado, de certo estado dos prisioneiros judeus do *Sonderkommando* em agosto de 1944, isso quer dizer que devemos refletir sobre o que poderia ser uma *política da sobrevivência*. Foi a essa tarefa que me dediquei após *Images malgré tout*, bem como depois de *A imagem sobrevivente* (Minuit, 2002; Contraponto, 2013), em especial num livro intitulado *A sobrevivência dos vaga-lumes* (Minuit, 2009; Editora UFMG, 2011), que interrogava o pensamento de Pier Paolo Pasolini articulando-o com o de Giorgio Agamben sobre a noção de apocalipse histórico. Realizar quatro fotografias na zona do crematório V de Birkenau num momento de apocalipse homicida — ou seja, na época, infernal, dos comboios de judeus húngaros — era de certa forma acender quatro luzinhas no espaço de uma imensa noite de horror... Era enviar quatro sinais luminosos, como os *bip-bip* dos sinais de SOS no rádio. Era um ato desesperado. Como os outros, ou quase todos os outros, o fotógrafo de Birkenau morreu dias após ter feito suas quatro imagens. Que possamos ver, na concha de nossa mão, esses quatro pedaços de folha de contato 6 x 6, significa que estamos diante de vestígios, de pedacinhos de peles — isto é, *películas* — que "sobrevivem" à morte daquele que os fez.

Nesse caso preciso, é fácil compreender que uma "política da sobrevivência", destinada a fazer sobreviver um testemunho mediante a morte da testemunha, não existe sem uma "política da resistência". Sabemos que a vontade dos membros do *Sonderkommando*, de fazer seus testemunhos — escritos ou visuais — sobreviverem por todos os meios, ia de par com o planejamento de um levante no sentido estrito: uma tentativa de evasão aliada a um plano de dinamitar um dos crematórios. Eis talvez por que a "virada" de *Images malgré tout* me conduziu, irresistivelmente, a trabalhar sobre a força psíquica, sobre o desejo que nos faz sublevar-nos desde as alienações mais cotidianas até as tragédias históricas mais extremas.

Não hesitei, portanto, em integrar as quatro imagens de Birkenau na exposição *Levantes* (*Soulèvements*) e o fiz — ao que eu saiba, pela primeira vez num espaço público — respeitando a modéstia mesma do objeto, a saber, a minúscula folha de contato que os "museus da memória" reproduzem com tanta frequência, mas parcialmente, reenquadrando-a completamente e ampliando-a até transformá-la no papel de parede de uma sala inteira de exposição... Um dia, no Jeu de Paume em Paris, uma espectadora da exposição me perguntou por que aquelas imagens tinham lugar na problemática do levante, uma vez que, na realidade, não mostram senão pessoas sendo conduzidas a uma morte certa ou cadáveres queimando num monte... Respondi que eram as próprias imagens, enquanto *atos* e não somente enquanto *representações*, que se adequavam àquele gesto de sublevação.

Naturalmente, o modo como as imagens podem ser consideradas operadores ou gestos de sublevação permanece sempre problemático. Seria preciso, sem dúvida, voltar à maneira como alguns filósofos — de Kant a Hannah Arendt ou de Walter Benjamin a Cornelius Castoriadis — abordaram o papel fundamental da imaginação como operador de conversão entre o sonho e o despertar, o sensível e o inteligível, o estético e o político, a contemplação e a ação etc. As imagens não passam de superfícies frágeis, de *películas*, mais uma vez, o que nos traz de volta ao motivo principal de *Cascas*. Com efeito, esse modesto texto foi para mim apenas uma maneira — por sinal, totalmente inesperada — de "voltar ao lugar", incitando-me a revisitar meu trabalho em *Images malgré tout* no espaço físico de Birkenau. A princípio eu tentara compreender como, mergulhado no real implacável de agosto de 1944, os membros do *Sonderkommando* haviam decidido transformar aquele real histórico em possibilidade de memória para o futuro, e isso por intermédio de quatro imagens e alguns textos, ou seja, pedacinhos de papel, de celulose no fim das contas. Sessenta e sete anos mais tarde, após Birkenau tornar-se um campo arqueológico sossegado e silencioso, só me restava filtrar isso pela mediação fotográfica de algumas imagens feitas precipitadamente — sem sequer focar, em muitas delas —, e por sua descrição literária, para dar forma, lacunarmente, à minha própria emoção perante essa história. Em todo caso, um pouco de celulose aglomerada em película terá exercido a função de *médium*. E é justamente essa matéria que constitui a casca das bétulas de Birkenau.

Sobre o autor

Georges Didi-Huberman nasceu em Saint-Étienne, na França, em 1953. É filósofo e historiador da arte. Desde 1990 é professor e pesquisador da École des Hautes Études en Sciences Sociales, em Paris. Publicou:

Invention de l'hystérie. Paris: Macula, 1982 (ed. bras.: *Invenção da histeria.* Rio de Janeiro: Contraponto/MAR, 2015).

Mémorandum de la peste. Le fléau d'imaginer. Paris: Christian Bourgois, 1983.

La peinture incarnée. Paris: Minuit, 1985 (ed. bras.: *A pintura encarnada.* São Paulo: Escuta/Editora Unifesp, 2013).

Fra Angelico. Dissemblance et figuration. Paris: Flammarion, 1990.

Devant l'image. Paris: Minuit, 1990 (ed. bras.: *Diante da imagem.* São Paulo: Editora 34, 2013).

À visage découvert. Paris: Flammarion, 1992.

Ce que nous voyons, ce qui nous regarde. Paris: Minuit, 1992 (ed. bras.: *O que vemos, o que nos olha.* São Paulo: Editora 34, 1998).

Le cube et le visage. Paris: Macula, 1992.

L'empreinte du ciel. Paris: Antigone, 1994.

La ressemblance informe. Paris: Macula, 1995 (ed. bras.: *A semelhança informe.* Rio de Janeiro: Contraponto/MAR, 2015).

L'étoilement. Conversation avec Hantaï. Paris: Minuit, 1998.

Phasmes. Essais sur l'apparition, 1. Paris: Minuit, 1998.

La demeure, la souche. Paris: Minuit, 1999.

Ouvrir Vénus. Paris: Gallimard, 1999.

Devant le temps. Paris: Minuit, 2000 (ed. bras.: *Diante do tempo.* Belo Horizonte: Editora UFMG, 2015).

Être crâne. Paris: Minuit, 2000 (ed. bras.: *Ser crânio.* Belo Horizonte: C/Arte, 2009).

Génie du non-lieu. Paris: Minuit, 2001.

L'homme qui marchait dans la couleur. Paris: Minuit, 2001.

L'image survivante. Paris: Minuit, 2002 (ed. bras.: *A imagem sobrevivente*. Rio de Janeiro: Contraponto, 2013).

Ninfa moderna. Essai sur le drapé tombé. Paris: Gallimard, 2002.

Images malgré tout. Paris: Minuit, 2003.

Mouvements de l'air (com Laurent Mannoni). Paris: Gallimard, 2004.

Gestes d'air et de pierre. Paris: Minuit, 2005.

Le danseur des solitudes. Paris: Minuit, 2006.

Ex-voto. Image, organe, temps. Paris: Bayard, 2006.

L'image ouverte. Paris: Gallimard, 2007.

La ressemblance par contact. Paris: Minuit, 2008.

Quand les images prennent position. L'oeil de l'histoire, 1. Paris: Minuit, 2009.

Survivance des lucioles. Paris: Minuit, 2009 (ed. bras.: *Sobrevivência dos va-ga-lumes*. Belo Horizonte: Editora UFMG, 2011).

Remontages du temps subi. L'oeil de l'histoire, 2. Paris: Minuit, 2010.

Atlas ou le gai savoir inquiet. L'oeil de l'histoire, 3. Paris: Minuit, 2011.

Écorces. Paris: Minuit, 2011 (ed. bras.: *Cascas*. São Paulo: Editora 34, 2017).

Peuples exposés, peuples figurants. L'oeil de l'histoire, 4. Paris: Minuit, 2012.

L'album de l'art à l'époque du "Musée imaginaire". Paris: Hazan, 2013.

Blancs soucis. Paris: Minuit, 2013.

Phalènes. Essais sur l'apparition, 2. Paris: Minuit, 2013.

Sur le fil. Paris: Minuit, 2013.

Quelle émotion! Quelle émotion? Paris: Bayard, 2013 (ed. bras.: *Que emoção! Que emoção?* São Paulo: Editora 34, 2016).

Essayer voir. Paris: Minuit, 2014.

Sentir le grisou. Paris: Minuit, 2014.

Passés cités par JLG. L'oeil de l'histoire, 5. Paris: Minuit, 2015.

Sortir du noir. Paris: Minuit, 2015.

Ninfa fluida. Essai sur le drapé-désir. Paris: Gallimard, 2015.

Peuples en larmes, peuples en armes. L'oeil de l'histoire, 6. Paris: Minuit, 2016.

Soulèvements. Paris: Gallimard, 2016 (ed. bras.: *Levantes*. São Paulo: Edições Sesc, 2017).

Passer, quoi qu'il en coûte (com Niki Giannari). Paris: Minuit, 2017.

Ninfa profunda. Essai sur le drapé-tourmente. Paris: Gallimard, 2017.

Este livro foi composto em Adobe Garamond e Imago
pela Bracher & Malta, com CTP e impressão
da Bartira Gráfica e Editora em papel Pólen Soft 80 g/m²
da Cia. Suzano de Papel e Celulose
para a Editora 34, em outubro de 2019.